北京工业大学高等教育研究所
首都工程教育发展研究基地
教育部人文社会科学研究青年基金项目（17YJC880072） 资助
北京工业大学人文社科基金项目

科技人力资本视角下
工程拔尖创新人才培养的实践与探索

基于教育部高校与工程院所联合培养博士生试点项目的实证研究

刘贤伟 马永红·著

目 录

自 序 …………………………………………………………… 1

第一章　研究缘起 ……………………………………………… 4
　（一）研究背景与问题提出 ………………………………… 4
　（二）研究意义 ……………………………………………… 11
　（三）技术路线与研究方法 ………………………………… 13

第二章　相关研究概况 ………………………………………… 17
　（一）国内联合培养研究生的研究概况 …………………… 17
　（二）国内联合培养研究生目标定位的研究概况 ………… 29
　（三）国外联合培养研究生的研究概况 …………………… 32
　（四）国外联合培养研究生目标定位的研究概况 ………… 36
　（五）国内外联合培养研究生教育相关研究小结 ………… 42

第三章　科技人力资本理论的提出及拓展 …………………… 48
　（一）科技人力资本理论的提出 …………………………… 48
　（二）科技人力资本理论的补充和完善 …………………… 56
　（三）科技人力资本的内部构成要素分析 ………………… 59
　（四）科技人力资本发展的外部组织条件 ………………… 73

1

第四章 研究模型构建 81
（一）校所联培博士生科技人力资本的发展机制模型 82
（二）研究假设 89

第五章 邻近性、合作程度与联培博士生社会资本的关系 97
（一）校所联培的典型模式及其网络结构特征 98
（二）量化研究设计 117
（三）研究结果 120
（四）讨论与小结 136

第六章 博士生社会资本、心理资本与创新能力的关系研究 139
（一）研究设计 142
（二）研究结果 144
（三）讨论与小结 159

第七章 外部环境条件、博士生社会资本与创新能力的关系研究 162
（一）研究设计 162
（二）研究结果 164
（三）讨论与小结 175

第八章 结束语 179
（一）主要研究结论 179
（二）政策建议 184
（三）研究局限及展望 192

参考文献 195
附　录 221
后　记 224

自 序

随着知识生产模式的转变，大学与其他部门的互动日益频繁，学者们就新时代背景下研究生的培养及组织方式展开了激烈讨论，越来越多的学者将目光集中到高校与其他机构联合培养研究生的理论和实践上。在我国，高校和工程院所联合培养博士生项目是博士生人力资本构建和价值实现的一种特殊形式，而进行校所联合培养的根本目的在于提高高层次拔尖创新人才培养能力和科技创新能力，因此，博士生人力资本的发展最终还应落脚到其创新能力的培养和提升上来。

美国著名科技政策学者巴里·波兹曼（Barry Bozeman）及其合作者认为传统人力资本理论忽略了人力资本形成和发展过程中的社会嵌入性，他们进而将社会资本理论引入到传统人力基本理论中，提出了更具解释力的科技人力资本理论。该理论认为在科技领域中，科技人力资本是指凝结于科技人员本身的科学技术知识、技能、能力（传统人力资本），以及与其职业有关的直接或间接的社会联结（社会资本）的总和，并指出科研合作对于个体科技人力资本发展的重要性。科技人力资本理论虽然整合了传统人力资本理论和社会资本理论，强调了外部资源以及个体与外部环境交互对人力资本发展产生的影响，但却忽略了个体的积极心理力量，即个体心理资本的重要作用。此外，对于在合作过程中科技人力资本各构成要素之间的关系也缺乏深入的探究。

创新是科学技术进步的关键，科技人员的创新能力无疑是其本身的科学技术知识、技能、能力的综合体现，即科技人员所代表的科技人力资本的核心，反映了科技人力资本的禀赋特征。基于此，本书对科技人力资本理论进行了扩展和完善，认为个体层面的科技人力资本是其创新能力、社会资本以及心理资本的总和。在很大程度上，博士生也是科技人员群体的重要构成部分。博士生不仅是新知识的学习者，还是科学研究、工程实践等的重要承担者，他们在这些实践中进行知识的不断创新。由于合作对科技人力资本发展有着重要影响，我们认为高校与工程院所在博士生教育方面的合作是发展和提升博士生科技人力资本的一种重要途径，因此，本书将博士生的科技人力资本界定为其创新能力、源于校所合作网络连接的社会资本、心理资本的总和。

本书从当前校所联培的实践和研究现状出发，结合组织间合作的邻近性理论、社会资本理论、心理资本理论和创新能力理论等，分析研究了波茨曼等人提出的科技人力资本理论，在此基础上对该理论进行了拓展，界定了博士生科技人力资本的概念内涵，并进一步构建了联培博士生科技人力资本发展的内外部机制模型。围绕着联合培养情景下博士生科技人力资本的发展，一方面，我们需要考虑博士生创新能力与其社会资本、心理资本之间的关系是怎样的？即考虑博士生科技人力资本内部构成要素之间的确切关系，尤其是个体内在积极心理状态的重要作用；另一方面，我们需要考虑外在环境条件对博士生科技人力资本发展的影响，尤其是组织间合作外部特征的重要作用。以联培博士生科技人力资本发展的内外部机制模型为框架，本研究通过典型案例研究和量化研究，考察了校所组织邻近性与合作程度对联培博士生社会资本的影响；检验了心理资

自 序

本在博士生社会资本与创新能力关系中的中介作用；探究了外部环境条件在博士生社会资本与创新能力关系中的调节作用。实证研究结果表明：

第一，校所邻近性、合作程度与联培博士生社会资本之间存在密切关系。认知邻近性对校所合作程度、博士生源自高校与工程院所的两类社会资本的直接效应显著，其中，在认知邻近性与联培博士生院所社会资本的关系中，校所合作程度起到了中介作用。

第二，心理资本在博士生社会资本与创新能力的关系中起到中介作用。博士生源自高校与工程院所的两类社会资本对博士生个体创新能力皆不存在显著的直接正向效应，但对心理资本的直接效应显著，而心理资本却能够直接、显著预测博士生个体的创新能力水平，心理资本在博士生个体社会资本与其创新能力之间的关系中起到了完全中介作用。

第三，制度邻近性和认知邻近性在博士生社会资本与创新能力的关系中起到调节作用。制度邻近性对校方社会资本与产生创新构想能力、院所社会资本与产生创新构想能力、校方社会资本与执行创新构想能力三组关系存在显著的调节作用，但是对于源自院所的社会资本和执行创新构想能力关系的调节作用不显著。而认知邻近对源自校方的社会资本与产生创新构想能力、源自院所的社会资本与产生创新构想能力、源自校方的社会资本与执行创新构想能力、源自院所的社会资本与执行创新构想能力关系的调节作用非常显著。

根据上述实证研究结果，本书对校所联合培养中博士生科技人力资本的发展机制模型进行了具体化，并提出了相应的政策建议，以期为高校与工程院所联合培养博士生项目主管部门、各参与主体提供一定的参考和启示。

第一章 研究缘起

(一) 研究背景与问题提出

在过去的 40 多年中,科学与社会之间的互动日益加深,知识生产的方式发生了巨大变化,这种变化的一大特征就是企业、科研院所、政府或非政府机构等大规模地参与到知识生产中,动摇了大学在知识生产中的垄断地位 (Gibbons et al., 1994)。在此背景之下,基础研究和应用研究之间,大学与其他组织机构之间的界限逐渐模糊,各种形式的跨组织合作活动共同致力于新知识的生产,形成所谓的"三螺旋 (Triple Helix)"模式 (Etzkowitz and Leydesdorff, 2000)[①]。与此同时,博士生作为未来研究人员和科学家的重要储备,开放的三螺旋知识生产体系对他们所应具备的能力和素质也提出了新的要求。为应对这些变化,聚焦于提高博士生教育的质量、效率及其与经济、社会发展的相关性,变革传统博士生培养及组织方式成为许多国家和地区研究生教育研究及政策制定的重要议题,研究生尤其是博士生的联合培养活动也越来越被看作是高校与其他

---

① 三螺旋是指大学—产业—政府三方在创新中密切合作、相互作用,同时每一方都保持自己的独立身份。是一种创新模式。该模式由纽约州立大学石溪分校和颇彻斯分校政策研究中心主任亨瑞·埃茨科威兹 (Henry Etzkowitz) 创立,旨在通过三螺旋来研究大学、产业与政府之间的关系。

机构合作的重要组成部分（Thune，2010）。在实践中，大约从20世纪90年代起，各国对于联合培养博士生项目的重视程度也上升到新的高度。

澳大利亚政府于1990年发起联合研究中心（Cooperative Research Centres，CRCs）博士生项目，通过以产业为导向的整合性工作学习项目来培养符合企业需求（Industry-Ready）的博士生：加强学生对企业的吸引力，强化学生对校企合作的积极态度，建构起学生对企业职业更积极的取向（Harman，2004）；美国为提高博士生培养质量，美国国家科学基金会（National Science Foundation，NSF）在1997年推出"研究生教育与科研训练整合计划"项目（Integrated Graduate Education and Research Trainee Programs，IGERT），以鼓励不同高校、不同院系就同一重大问题进行博士生联合培养；欧盟科研与创新总司（Directorate-General for Research and Innovation）对"博士—职业：从革新博士生教育到增加就业机会"项目（DOC-CAREERS：From Innovative Doctoral Education to Enhanced Career Opportunities）提供资助，以鼓励高校与企业在人才培养、知识共享和转移等方面结成伙伴（Borrell-Damian et al.，2010）；1998年，德国马普学会（The Max Planck Society）与德国大学校长联席会（German Rectors' Conference / Hochschul Rektoren Konferenz，HRK）共同发起成立了马普国际研究学校（International Max Planck Research Schools，IMPRS），作为进一步加强校所合作的新联合项目；英国经济与社会研究委员会（Economic and Social Research Council，ESRC）与苏格兰政府及英国多家政府部门从2006年开始设立了联合培养博士生奖学金，用于推动科研和政策部门之间的知识转移，培养"知识经纪人（Knowledge Brokerage）"（Reid and McCormick，2010）；此外在北欧，还有诸如挪威、丹麦的企业博士项目

(Industrial PhD-Programs),瑞典的企业研究学校（Industrial Research Schools）等项目。国外有关研究文献和政策报告对这些项目所取得的成绩给予了极大的肯定，并发现在这种新的知识生产体系中，博士生起到了举足轻重的作用（OECD，1998；Schartinger et al.，2002；Cruz-Castro and Sanz-Menéndez，2005；Casey，2009；Slaughter et al.，2002）。

我国政府在《国家中长期人才发展规划纲要（2010—2020）》中提出了服务发展人才优先的指导方针，将突出培养造就创新型科技人才作为人才队伍建设的主要任务之一，发展目标是要围绕提高自主创新能力、建设创新型国家，以高层次创新型科技人才为重点，努力造就一批世界水平的科学家、科技领军人才、工程师和高水平创新团队，注重培养一线创新人才和青年科技人才，建设宏大的创新型科技人才队伍。到2020年，研发人员总量预计达到380万人年，高层次创新型科技人才总量达到4万人左右。在具体举措方面特别强调要创新人才培养模式，建立学校教育和实践锻炼相结合的开放式培养体系；要加强实践培养，依托国家重大科研项目和重大工程建设一批高层次创新型科技人才培养基地，以培养和造就拔尖创新人才。[①] 高校与科研院所是我国研究生培养的两个主要载体，是我国国家创新体系的重要组成部分。长期以来，众多高校和科研院所积极开展了各种形式的联合培养工作，在联合培养的管理机制创新和培养模式创新等方面取得了有益的经验和积极的成效，为社会各行各业输送了众多高水平人才。加强科教结合、促进协同创新、实现强强联合、鼓励高校与科研院所联合培养研究生也成为了培养拔尖创新人才的重要途径。

---

① 资料来源：中华人民共和国人力资源和社会保障部官网。

立足于时代背景和我国人才发展总体规划,我国教育部于2010年4月下发了《关于开展高等学校和工程研究院所联合培养博士研究生试点工作的通知》(教发〔2010〕4号)。试点工作的主要依据是2009年10月教育部颁发的《高等学校和科研机构开展联合培养博士研究生工作暂行办法》(教研〔2009〕5号)。自试点工作实施以来,参与高校和科研院所通过联合培养博士生项目积极加强产学研合作,发挥各自优势开展强强联合,结合行业需求和重大科研项目,通过导师组形式联合培养博士生,通过系统理论学习和高水平工程项目实践锻炼,促进了工程科技拔尖创新人才的培养和科教结合、协同创新。同时专项计划下的联合培养博士研究生工作逐步走向规范化、有序化,招生人数、参与单位数量逐年上升,并在2014年之后趋于稳定。截至2015年,试点已覆盖55所高校、53家中科院院所、47家工程科研院所,共计188个项目,6年招收博士生共计5701人。2010年以来校所联合培养博士生项目的参与单位数和招生人数变化趋势见图1-1、图1-2。

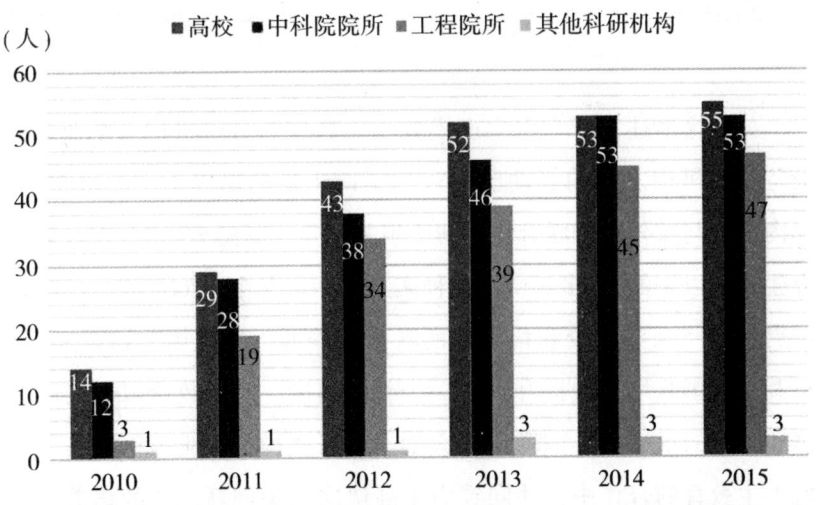

图1-1 2010—2015年联合培养博士生试点项目参与单位数量变化

7

资料来源：根据教育部官网公布的全国研究生招生计划2010—2015年整理而成。

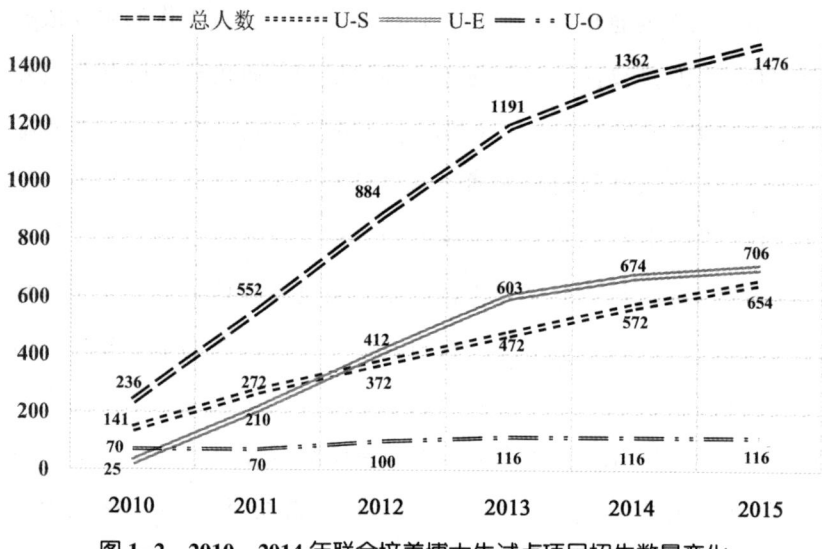

图1-2 2010—2014年联合培养博士生试点项目招生数量变化

注：U-S，高校—中科院；U-E，高校—工程院；U-OTHER，高校—其他机构。

资料来源：根据教育部官网公布的全国研究生招生计划2010—2015年整理而成。

如上文所述，新知识生产模式下，高校与科研机构、企业、政府等组织机构之间的互动已深入到了博士生的培养中。而事实上，国内高校与校外机构联合培养博士生并不是"新鲜事物"，在恢复研究生教育以来的30多年中，这种实践便一直存在。2009年我国教育部启动的"高等学校和科研院所联合培养博士研究生"试点项目，无疑将我国联培实践提升到了一个新的高度。我国政府以积极的姿态和明确的举措引导国内优势大学、科研机构、企业等积极参与到博士生教育的合作中，共同致力于高层次拔尖创新人才的培养。目前校所联合培养项目已初具规模，且前几批联合培养项目已经有了毕业学生，联培项目的人才培养、科研、创新绩效不断提高，辐射效应也不断显现。校所联培博士生作为当前我国博士生教育的一种重要方式引起了各方的密切关注，已有学者对校所联合培养博士生试点项目的成效、问题、校所合作方式等方面进行了深入的实证研究和理论探讨（马永红等，2014；何峰等，2014；郭德侠等，2014；刘贤伟、马永红，2015）。作为博士生培养的一种模式，校所联培内在地必须符合高层次人才培养的要求和教育的内在规定性，联合培养项目的实践和研究仍需要去回答，"要培养什么样的博士生以及如何培养"的问题。换句话说，校所联合培养项目的人才培养目标和实现路径是什么？

对于这一问题，国外研究者们认为联合培养博士生在组织间合作情景下，就是要培养横跨高校和校外机构（企业、科研院所）进行科研工作的"桥接科学家（Bridging Scientists）"，通过在传统学术性博士学位所强调的"开放科学（Open Science）"与应用性企业研发所强调的"专利科学（Proprietary Science）"的交叉中从事学习和研究活动（Subramanian, Lim and Soh, 2013）。一系列理论和实证研究也不断指出校所联培项目是博士生人力资本构建及其价值实现的重要策略和途径，高校与科研机构通过联合，使得博士生能够参与到院所科研项目或双方合作科研项目，接受双方导师的指导，并得到与双方研究人员互动，增加与高校之外的其他机构、人员建立联结的机会，从而提升凝结于个体自身的科学、技术知识和技能，即高质量博士生人力资本，从而更好地进行知识和技术创新（Kitagawa, 2014），强化高校与企业、科研院所等机构之间的关系（Perkmann and Walsh, 2007），并降低机构间知识转移过程中固有的不确定性（Gertner, Roberts and Charles, 2011）。国内学者在对校所联培专项案例的整合性研究中也指出，"高层次人力资本发展与转移"是校所联培首要的目标定位,高校和工程院所联合培养博士生项目是博士生人力资本构建和价值实现的一种特殊形式(刘贤伟、马永红,2016),而进行校所联合培养的根本目的在于提高高层次拔尖创新人才培养能力和科技创新能力,因此博士生人力资本的发展最终还应落脚到其创新能力的提升。

但博士生人力资本或创新能力的提升不可能在真空中实现。首先,在一种跨组织联合培养的情景之下,来自高校与科研院所的各种异质性资源整合依赖于博士生与双方导师之间社会连接的搭建(Thune,2010),因此,校所联培博士生项目在一定意义上来讲,是由双方导师、博士生以及校所双方其他教学、科研人员之间,尤其是博士生与校所双方导师之间构成的社会网络结构体系,博士生通过这个网络获取校所异质性的实质或潜在资源,即社会资本。其次,博士生培养作为高等教育的最高层次,在个体创新能力、科研实践等方面有着更高的要求,在校所合作的情境下,作为博士生的一种积极心理资源,心理资本在理论上与博士生在学习、科研过程中感知到的压力及其创新能力、绩效都存在密切联系,它为博士生创新理念、行为的产生以及降低个体压力提供了一个必须的心理资源库(Repository of Psychological Resources;Luthans, Youssef and Avolio, 2007)。我们需要考虑校所联培项目的组织、环境条件对于博士生社会资本建构的影响以及所建构的社会资本与其最终创新能力发展之间的关系如何?因此,一方面,我们要考量这个关系是否受到个体内在积极心理因素,即心理资本的影响;另一方面,在合作网络构建的研究中,组织间的邻近性以及网络连接强度一直是学界关注的重点,它们对于合作项目中社会资本的构建具有重要意义,我们还需要考虑邻近性、校所合作强度等外在环境条件对这种关系的影响。综上,本研究将从校所联培的实践和研究现状出发,结合组织间邻近性理论、社会资本理论、心理资本理论和创新能力理论等对美国著名科技政策学者波茨曼(Bozeman)及其合作者所提出的科技人力资本理论进行了完善和扩展,提出了联培博士生科技人力资本理论,并以其为框架致力于通过实证研究对博士生科技人力资本发展的内外部机制进行研究,致力于回答下列三个问题:

(1) 校所联培情境下校所间邻近性、合作程度对于博士生社会资本的影响及其实现路径;

(2) 校所联培情境下社会资本、心理资本对博士生创新能力的作用及其实现路径;

(3) 校所联培情景下社会资本、外部环境条件对博士生创新能力的交互作用及其实现路径。

(二) 研究意义

组织间合作是一个很广泛的概念,在过去的文献中,它往往被看作是一个"黑箱(Black Box)",它在参与主体、形式、内容等方面千差万别,一直以来它都是社会学、管理学、经济学、心理学以及组织行为学等领域的学者们关注的热点。高校与科研机构、企业等的合作是组织间合作的一种常见形式,而这种组织间合作的内容十分丰富,其中教育方面的合作,尤其是对研究生的联合培养是它的一个重点和亮点。在我国,培养高层次工程科技拔尖创新人才是高校与工程院所联合培养的重要目标,然而对高校与工程院所的博士生联合培养模式、博士生创新能力提升及其影响因素的研究仍未形成一个系统的理论框架,将博士生创新能力提升及其影响因素结合起来,探寻其关系与路径的研究也很缺乏。此外,高校与工程院所联合培养项目是动态的和不断变化的,随着内外部环境的变化,联合培养项目的内容和形式也不是静止不变的，联培博士生创新能力提升及影响因素也呈现动态化，因此，通过摄取其他学科领域的理论观点，形成一个研究科学系统的理论模型框架，采用合适的研究方法深入探析各种内外部影响因素对于联培博士生创新能力提升的作用，有助于更加准确把握联合培养实践的实质性和普遍性规律，有利于拓展当前组织间合作成效及其影响因素的研究领域，丰富组织间合作，尤其是高校与其他机构间合作的理论。

目前，我国高校与工程院所联合培养项目的建设初显成效，但在实践中和未来发展中还面临着许多问题，对于联培博士生创新能力提升及其影响因素的重视程度还有待加强。高校与工程科研院所联合培养项目需要在实践中不断发现问题、解决问题，使之得以改进、调整。因此，本研究将有助于促进联合培养项目具体政策、措施的完善，有助于联合培养项目参与主体在合作关系的建立、合作过程的展开等方面做到有的放矢，对推动联合培养项目的健康可持续发展，促进高校与工程院所实现科教结合、协同创新、强强联合共同致力于拔尖创新人才的培养具有重大的实践意义。

高校与工程院所联合培养博士生作为博士生教育的一种特殊形式，"培养什么样的人才？"是联合培养项目所必须面对的问题。联合培养项目达到的人才培养效果应当是在符合高层次人才培养一般要求基础上的一种提升，它既要遵循高层次人才的培养规律，也要满足各方的战略要求和目标，归根结底还是要落脚于博士生创新能力的提升上来。因此，明确了联合培养项目需要培养什么样的人才，有助于我们科学评价和全面掌握当前我国联合培养项目推动科教结合、协同创新和拔尖创新人才培养等方面的实际效果，为主管部门或联合培养主体选择或调整人才培养模式及校所合作模式提供理论和实证支持。联培项目还需要回答"如何培养人才？"的问题，高校与工程院所联合培养博士生从双方合作缘起到合作展开是一个系统的动态过程，并呈现出不同的培养模式，在组织间合作背景下，不同模式也意味着不同的社会网络结构和社会资本来源，联培博士生创新能力的提升是内外部因素共同作用下的结果。那么，不同组织条件下博士生如何获取潜在的和实质性的校所资源？获取这些资源对于其创新能力的提升有何影响？个体积极的内部心理状态的作用和意义如何？回答这些问题，首先，有助于联培项目参与主体完善人才培育体系和相关制度设计，推动教学、科研资源的科学配置、共享；其次，有助于培养单位、导师等在培育过程中探明、激发和塑造博士生个体在科研工作中进行持续创新的动力、态度、信念等内生性因素，最终推动博士生个体在联培环境中的迅速成长和校所联培目标的实现。

（三）技术路线与研究方法

1. 技术路线

本研究整体按照提出问题、分析问题和解决问题的思路进行架构，结合我国高校与工程院所联合培养博士生项目的具体实践情况，摄取社会学、管理学、心理学等学科的理论和观点，提出"博士生科技人力资本发展机制模型"，围绕"校所邻近性、合作程度对联培博士生社会资本的影响"、"联培心理资本在社会资本和博士生创新能力关系中的重要作用"以及"社会资本、外部环境条件对博士生创新能力的交互作用"等核心问题，逐步分析社会资本、校所联培环境因素、博士生心理资本如何作用其创新能力的提升。本研究技术路线见图1-3。

首先，对当前我国高校与其他机构之间联合培养博士生的背景以及其他国家、地区联合培养项目开展的现状进行描述，并对我国

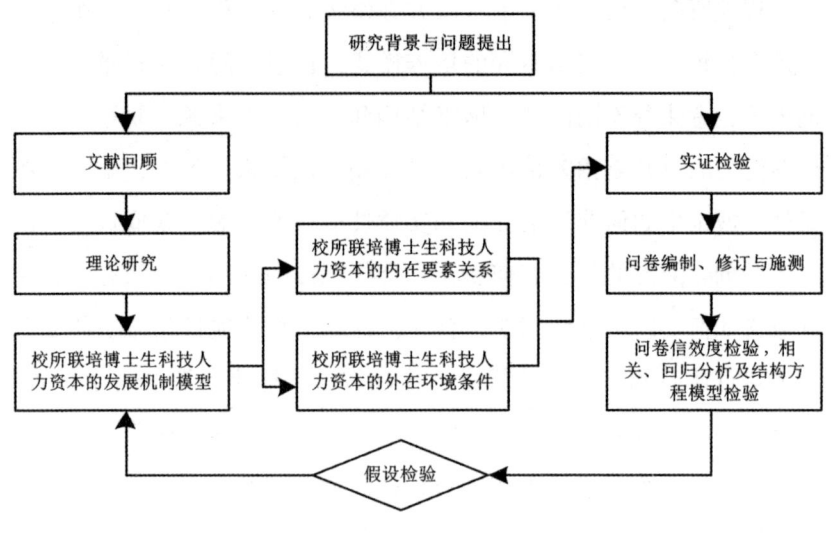

图1-3 研究技术路线图

在新的时代背景和人才发展总体规划下，开展高校与工程科研院所联合培养研究生的基本情况进行介绍，针对现实实践和理论研究等方面的不足，提出本研究的研究问题。

其次，收集、分析已有文献，对国内外组织间合作理论进行梳理总结，并对国内外关于高校与其他机构联合培养研究生项目的研究进行回顾，以期对当前联合培养研究生的研究现状和趋势有整体性把握。

第三，对科技人力资本理论进行了介绍、分析，基于校所联培情境，从社会资本、心理资本、创新能力等理论出发，对科技人力资本理论进行了完善、扩展，提出博士生科技人力资本的发展机制模型。

第四，使用典型案例访谈和问卷调查等方法，探索博士生社会资本的来源，并对当前我国校所联培实践过程中校所邻近性、双方在各培养环节的合作程度对博士生社会资本的影响进行了检验。

第五，基于所提出的博士生科技人力资本发展机制模型，通过对具有代表性样本的数据调研，对联培博士生社会资本与创新能力之间的关系，以及博士生心理资本与外在环境条件在该关系中的作用进行实证量化检验，运用相关、回归、结构方程模型等统计分析手段逐步论证所要解决的研究问题。

最后，得出本研究的结论，并为有关主管部门，高校与工程科研院所联合培养博士生项目的实践主体提出相应的建议，并对未来研究方向进行展望。

2. 研究方法

由于研究对象的独特性以及当前相关研究的匮乏，决定了本研究具有探索性特点，因此，为保证研究的科学性和客观性，本研究采取质的研究和量的研究相结合的方法，并结合对文献和相关理论的分析，对高校与工程院所联合培养博士生科技人力资本发展的内外部影响和作用机制进行研究。具体采用方法如下：

（1）文献分析。本研究主要检索了国内外学术期刊网站和重要的网络学术资源，如 Web of Science、Google 学术等，查阅了北大图书馆、北航图书馆、北京工业大学图书馆关于高校与企业、科研机构、政府等组织机构间联合培养研究生项目以及产学研联合的相关研究成果，并对大量文献进行了分析和整理。通过对已有研究文献的学习和理解，加深了对本研究领域的认识，拓宽了研究的视野，汲取了现有研究的重要经验和成果，发现了当前国内外研究的问题与不足，这些都为本研究打下了坚实的基础，同时为厘清研究的逻辑、理顺研究的思路提供了宝贵的指导和借鉴。

（2）质的研究。质的研究是以研究者本人作为研究工具，在自然情境下采用多种资料收集方法对社会现象进行整体性探究，使用归纳法分析资料、形成理论，通过与研究对象互动对其行为和意义建构获得解释性理解的一种活动（陈向明，2000）。质的研究与量的研究是教育研究中的两种基本范式，它们风格各异，却又互为补充，在教育研究过程中，质的研究与量的研究相整合，能更充分地从不同侧面把握研究问题的规律和本质。

本研究采用质的研究的主要原因在于，国内外研究不能够提供一个整合性的和普适性的研究理论框架，换句话说，由于高校与工程院所联合培养项目的独特性，并不能够根据现有文献建立研究模型，需要将关于组织间合作的理论观点、现有文献中的发现与对校所联合培养具体实践的质的研究结合起来，才能建立一个科学、客观、系统的研究模型。此外，通过质的研究，可以从基本的、实践性的访谈材料、文本材料出发，识别高校与工程院所联合培养博士生项目典型模式、网络结构、合作程度等影响博士生社会资本和创新能力提升的关键组织环境因素。

（3）量的研究。本研究的基本路线是在文献研究、理论分析和质的研究的基础上，根据研究模型，进一步通过实证研究方法对相应研究假设进行检验。实证研究方法的具体操作过程大致如下：

首先，访谈和开放式问卷调查。访谈和开放式问卷调查是本文前期进行量表设计和修订时的主要工作，在部分有代表性的联合培养项目中展开。进行访谈和开放式问卷调查事先拟好访谈提纲和设计好开放式问卷，按照一定的程序有计划地进行。访谈针对所有变量，开放式问卷主要针对社会资本、心理资本、创新能力的测量，以修订完善已有成熟测量工具；其次，问卷调查。问卷调查是本研究获取研究数据的主要方法，包括调查问卷的设计、预试与改进、正式调查过程、调查数据的甄别与统计分析四个步骤；第三，数据分析与处理。在访谈调查和问卷调查的基础上，利用 SPSS 17.0，LISREL 8.70 等社会科学领域常用统计软件，采用方差分析、因素分析、相关分析、回归分析、结构方程模型检验等方法对调查数据进行数理统计处理。

第二章 相关研究概况

（一）国内联合培养研究生的研究概况

我国学位与研究生教育自1978年恢复以来，在近40年的发展历程中，高校与其他机构开展研究生联合培养作为一种独特的研究生培养形式一直存在。通过知网文献检索发现，我国对联合培养研究生项目的文献记载最早可以追溯到教育部原副部长黄辛白同志在《人民教育》1981年第6期上发表的《贯彻调整精神，改进研究生招生工作》一文，文中提到"高等学校和科研单位联合培养应该提倡，但还缺乏经验，要认真试点"（黄辛白，1981）。此外，中国科技大学与中国科学院计算机所联合培养博士生，上海戏剧学院和复旦大学联合培养的舞台灯光研究生是研究生教育恢复以来有电子文献记录最早的联合培养实践，前者于1982年初迎来了第一届博士毕业生，而后者于1982年9月首届研究生毕业（司有和，1982；上海戏剧学院舞美系灯光教研组，1982）。直到1986年，才陆续有学者将联合培养研究生作为专门的研究对象进行探讨，但研究内容主要集中于项目所在单位的具体做法与个人经验、体会总结（周桂清，1986；成都科技大学，1987）。较为系统、规范的研究大约从20世纪90年代末期开始涌现，这也与我国研究生教育整体水平的不断提升和联合培养研究生实践的不断推广密切有关。在下文,本研究基于现有文献,对我国联合培养研究生的研究现状进行分析。

将"联合培养"、"合作培养"、"研究生"、"博士生"等作为主题词,根据一定的逻辑关系式在知网上检索与本研究有关的学术文献。在剔除新闻报道、访谈、经验介绍、项目介绍、人物记录等检索结果之后,检索了从2000年至2015年之间共计316篇文献,其中被CSSCI收录的文献66篇。图2-1显示了从2000年到2014年,知网检索和CSSCI收录的关于联合培养研究生研究的文献数量。从图2-1中可以发现,在2009年之前国内联合培养研究生研究的发文量较少,在2002年和2006年发文量仅为1篇。此外,2009年以前在CSSCI检索期刊上的发文量在5篇以下,个别年份甚至没有研究在CSSCI检索期刊上发文。但在2009年之后,发文量逐年递增,尤其在2012年,文献数量由上一年的27篇猛增至51篇,之后便呈稳步增长趋势,CSSCI检索期刊上的发文量在2009年之后也基本保持在5篇以上,在2013和2014年达到了10篇。总体来说,2012年至2014年3年时间内的发文数量占到了全部发文量的一半。

通过对CNKI检索结果按照被引用次数进行排序发现,316篇文献中只有18篇文献引用次数在10次以上,且这些文献主要集中于2007年之后,主要探讨了在产学研合作体系下,高校与企业、科研机构等联合培养研究生的实践(表2-1呈现了本领域10篇高被引文献的情况)。作为该领域的高被引文献,它们虽然在一定程度上反映了近年来国内研究者的主要关注点,但这里的"高被引"也只是一个相对的概念,换句话说,与研究生教育的其他研究领域相比,联合培养研究生的研究其实并未得到充分的重视。

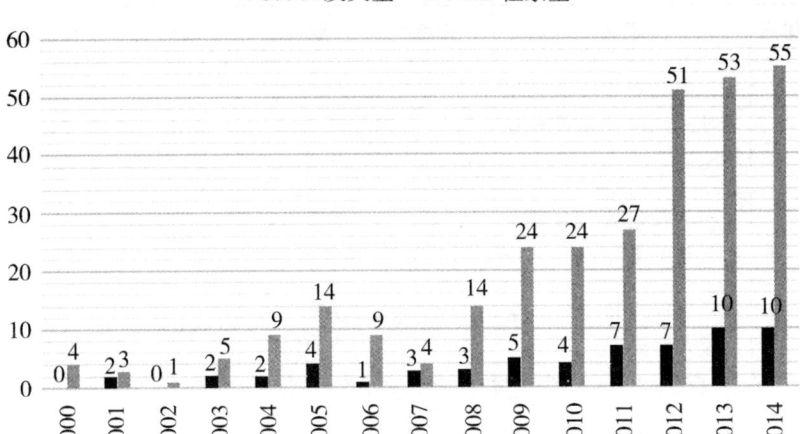

图 2-1　2000—2014 年联合培养研究生研究文献的发表数量和检索情况

表 2-1　联合培养研究生研究领域高引用文献

排序	篇名	作者	期刊	发表时间	引用次数
1	"产学研"联合培养复合型研究生模式探讨	张新厂 钟珊珊	《高等教育研究》	2009 年	47
2	国外产学研联合培养研究生的重要模式及策略研究	刘　娟	《职业技术教育》	2009 年	41
3	全日制专业硕士：产学研合作模式的探讨	张志红 潘紫微	《高等工程教育研究》	2011 年	33
4	产学研联合培养研究生的模式与问题	程爱婕 等	《教育发展研究》	2008 年	27
5	产学研联合培养研究生典型模式及质量保障机制研究	杨铁军	《江西教育科研》	2007 年	27

(续表)

排序	篇名	作者	期刊	发表时间	引用次数
6	地方院校研究生联合培养基地现状及发展趋势概论	刘云 李阿利	《当代教育理论与实践》	2010年	21
7	校企合作培养工程硕士的创新与实践	胡小唐等	《学位与研究生教育》	2010年	21
8	产学研联合培养研究生的模式研究	温静等	《中国电力教育》	2009年	17
9	北京市产学研联合培养研究生的现状、问题与对策：基于调查问卷的分析	高兴武 胡涌	《中国高教研究》	2010年	16
10	校企联合培养研究生的办学实践对全日制专业学位研究生培养的启迪	杜建军	《学位与研究生教育》	2013年	15

通过文献回顾，本研究对20世纪80年代以来，国内关于高校与其他机构联合培养研究生的研究内容、现状和趋势等进行了总结和分析。

首先，按照研究的主要内容进行分析，国内研究主要集中于如下六个方面：

（1）对国外联合培养项目的介绍、分析与借鉴。此类文献可以划分为两个阶段。在早期（主要指20世纪80、90年代）的研究中，国内学者们多停留于单纯地介绍当时苏联、美国等几个大国的具体做法和经验。例如邓存瑞（1988a；1988b）对20世纪80年代末期苏联"教学—科研—生产"一体化的实践和经验做了具体的介绍，并建议我国应在研究生教育中实行"教学—科研—生产"一体化以推进高校与科研院所、生产部门之间的互动，为国民经济各部门、各企业生产单位培养适用的高级专门人才。① 几乎同一时间，清华大学教育研究所（1990）对当时苏联和美国两个超级大国的高校与企业、科研单位联合培养研究生的途径进行了详尽介绍。② 进入新世纪之后，随着国际高等教育格局的改变和我国联合培养研究生实践的不断探索和深入，研究者们不再满足于仅仅对具体国家的联合培养实践进行单纯性介绍，而是开始结合我国实际，探寻国外联合培养优秀实践的启示和借鉴意义，对世界范围内的联合培养发展趋势或者国外具体联合培养项目的实践进行深入分析和探讨成为研究的重点。例如，研究者们对欧盟一体化背景下及博洛尼亚进程中欧洲博士生教育的新进展，欧洲各国校企联合培养博士生的背景、模式、各国推进政策、类型、内容、利弊、趋势等进行了深入分析（贺红岩，2007；王东芳、沈文钦，2010；王正青，2011；刘娟，2012；刘亚敏、胡甲刚，2012；苏兆斌、李天鹰，2013）；而其他研究者则以国外具体高校的产学研合作项目为例，对国外产学合作教育的主要特征、培养体系等进行了深入剖析，并结合我国实际，提出了实践建议和方法（赵韩强等，2010；傅利平等，2012）。

（2）对联合培养模式的分类及探讨。这类研究对当前普遍存在的联合培养研究生模式根据不同的标准进行了归纳总结。例如，刘缨和胡赤弟（2004）根据教学与科研所起作用的不同分析了产学研

---

① 邓存瑞：《国外研究生教育的教学，科研与生产一体化》，载《辽宁教育研究》，1988年第1期。邓存瑞：《国外研究生教育改革中值得关注的几个趋势》，载《比较教育研究》，1988年第4期。

② 清华大学教育研究所：《苏美高校与企业及科研单位联合培养研究生的途径》，载《高等工程教育研究》，1990年第3期。

联合培养模式的三种类型：教学主导型、科研主导型和创业主导型。① 吴平（2008）总结出综合性大学产学研合作的基本模式有：在项目基础上开展合作，在校内外建立稳定的教学实训基地，订单式培养，以大学的优势学科为依托建立高新技术科技园，共同成立研发中心，直接服务于企业的生产和管理实践。② 温静等人（2009）也有类似的模式划分。刘娟（2009）透过欧美、日韩等国家和地区的产学研实践，归纳了国外产学研联合培养研究生的8类主要模式：以项目为依托联合培养研究生，联合设立人才培养和科学研究基地，建立经济实体联合培养研究生，引进企业人才兼任大学研究生导师，校企联合开办专业培养研究生，创办大学科技园联合培养研究生，共建合作研究中心培养研究生，大学受企业委托定制培养研究生。③ 胡涌等人（2012）综合前人研究，给产学研联合培养模式更为全面的分类：根据联合方式可划分为：以项目为依托、联合设立人才培养和科研基地、建立经济实体、引进企业人才兼任研究生导师、创办大学科技园；根据合作过程可划分为：全过程合作型、阶段性合作型；根据参与主体数量可划分为：两主体合作型、三主体合作型、多主体合作型；根据推动产学研联合培养主导方可划分为：政府主导型、高校主导型、企业主导型和校企联合共建型；基于合作主体

---

① 刘缨、胡赤弟：《高校产学研合作教育模式探析》，载《黑龙江高教研究》，2004年第8期。

② 吴平：《我国高校产学研合作教育模式探析》，载《高校教育管理》，2008年第3期。

③ 刘娟：《国外产学研联合培养研究生的主要模式及策略研究》，载《职业技术教育》，2009年第28期。

网络形式可划分为：点对点型、点对链型、网络型。①

（3）对联合培养个案实践的体会与分析。这类研究主要集中于对具体实践案例的做法、成效总结和展望，最早的研究是周桂清（1986）对中科院上海光机所与复旦大学、浙江大学联合培养研究生项目的介绍。②姚家华和夏蓓蕾（1990）、孙家君（1992）、王文言（1993）、季峻等（1994）、房鼎业等（2000）的研究也进行了类似的项目介绍和研究者个人体会、经验总结。进入新世纪以来，随着联合培养研究生实践在数量和规模上的迅速发展，对个案进行分析、探讨的研究呈大规模增长的趋势，例如，陈黔等人（2001）对成都军区昆明总医院与其他机构的合作个案为基础探讨军队联合培养研究生在课题完成、学位论文情况、临床能力培养以及项目存在的缺陷与改革进行了思考；曹健和郁秋亚（2004）、梁忠民（2005）、吴志军等（2012）对工程领域研究生校所、校企联合培养进行了介绍和分析；王增贤等（2008）对泰山医学院多学科联合培养研究生的实践和体会进行了总结；郝艳华等（2005）、陈国荣和唐燕辉（2005）、瞿佳等（2005）、陈群（2013）对我国高校与美国、法国、澳大利亚等国家和地区高校、科研机构等联合培养的具体案例进行了分析。

（4）对区域性联合培养研究生项目的研究。此类研究从2000年之后开始出现，从一个侧面也反映出我国联合培养研究生实践从个别机构间的合作行为上升到聚合性、区域性群体机构间的合作行为，政府部门也积极参与其中，对区域经济、社会的发展起到举足轻重

---

① 胡涌等：《北京市产学研联合培养研究生模式的类型分析与选择》，载《中国林业教育》，2012年第4期。

② 周桂清：《所校联合培养研究生初探》，载《学位与研究生教育》，1986年第4期。

的作用。例如，王煌（2001）、李安萍等（2010，2012）对江苏省产学研研究生联合培养基地的介绍与调研；肖艳（2007）对上海市产学研研究生联合培养基地的调研；魏进平（2008）以河北省产学研联合培养研究生基地为例，指出产学研合作教育培养研究生是地方企业的现实需求；刘文翠等（2013）对新疆地区产学研联合培养研究生模式选择进行了探讨；赵善玲（2013）基于山东省校际研究生联合培养基地的实践，对其教育质量保障进行研究；余学军等人（2013）对甘肃省高校与科研院所、企业联合培养研究生的探索和实践情况进行了介绍和分析；高兴武和胡涌（2010）对北京市国内外联合培养研究生的情况进行了问卷调查。

（5）对联合培养案例的整合性研究分析。在2009年教育部高校与科研机构联合培养博士生的专项计划实施之前，大样本的案例整合性研究基本没有，但在专项计划实施以来，众多高校、科研院所、企业的积极参与，使得此类研究成为可能。《学位与研究生教育》杂志2012年发表《强强联手，共育拔尖创新人才：八位领导纵谈联合培养博士生试点工作》一文具有较好的引导性；马永红及其研究团队（2014）对高校与科研院所联合培养研究生的典型案例进行了汇集整理和总结，其中包含部分教育部专项计划中的高校与工程科研机构联合培养博士生的优秀案例，并对我国目前高校与科研院所联合培养研究生的机制、创新性、特点等进行了初步的梳理和总结；[1]夏清泉（2013）在其博士论文中，选取了一些具有代表性的中科院、工程类科研院所、社科领域科研机构、省级层面所属机构与高校的联合培养案例进行了介绍。

---

[1] 马永红等：《高校与科研院所联合培养研究生典型案例汇编（2012）》，北京大学出版社2014年版。

（6）对联合培养的评价性研究。这里所说的评价性研究主要是指对联合培养项目问题、成效等进行分析的研究。文献回顾表明，虽然此类研究一直以来都是研究者们关注的重点，但是经验性总结居多，实证性研究尚处于起步阶段。近年来，一些研究者也开始尝试使用问卷调查等方法来对联合培养项目进行评价。代表性的研究包括：高兴武和王华荣（2011）以评价基地建设管理制度和培养成果为目标，建构了北京市产学研联合研究生培养基地建设评价指标体系；[①] 张海清和王子军（2012）提出了基于"政产学研"结合视角的高校学生考核评价指标体系；[②] 何峰等人（2014）通过问卷调查和调研访谈，总结了高等学校与工程科研院所联合培养博士生试点工作的实施效果，分析了实施过程中存在的问题，提出了完善联合培养体制的有关政策建议；郭德侠等人（2014）通过对钢铁研究院等42家研究机构问卷调查分析，阶段性地总结中国高校实施联合培养研究生以及培养研究生所取得的成效、解决存在的问题和应对挑战，为如何更好推进协同创新与发展提出了参考性政策建议。

其次，上文按照研究的主要内容对国内研究进行了归类，但是如果按照联合培养研究生的层次来划分，当前国内研究可以归类为如下两类：

（1）专业学位研究生联合培养实践的研究。此类研究文献在2010年之后大量出现，并在研究文献中占据最大的比例，这也与当前我国研究生教育改革方面的时代背景和现实需求密切相关。在国

[①] 高兴武、王华荣：《产学研联合研究生培养基地建设评价指标体系研究》，载《现代教育管理》，2011年第7期。

[②] 张海清、王子军：《"政产学研"结合的高校学生评价机制研究——实习单位的评价与指标体系构建》，载《第三届教学管理与课程建设学术会议论文集》，2012年。

家宏观层面,《国家中长期教育改革和发展规划纲要 2010—2020 年》指出,高等教育要优化学科专业、类型、层次结构,促进多学科交叉和融合,重点扩大应用型、复合型、技能型人才培养规模,加快发展专业学位研究生教育,在实践层面,从 2009 年起,我国教育部逐步扩大招收以应届本科毕业生为主的全日制硕士专业学位范围,到 2015 年,力争实现硕士专业学位研究生占硕士研究生的比例接近或达到 50%的目标。联合培养作为专业学位研究生教育的关键一环,是研究者们的重要关注点。在此背景下,研究者们纷纷对各自单位的培养举措、效果等进行介绍和分析。

例如,吴志军等学者(2012)对同济大学车辆工程领域的教育部全日制专业学位研究生教育综合改革试点工作进行了探讨,研究者们认为校企"无缝对接"才能实现培养学生的强烈社会责任感、国际视野和国家认证的目标,并详细介绍了同济大学汽车学院与上海大众、联合汽车电子等企业的校企合作机制是如何满足工程教育改革需求、培养工程创新能力的。赵冬梅和赵黎明(2013)针对华北电力大学探索校企联合培养专业学位研究生的长效机制的实践,介绍分析了"1+1.5"培养模式,即学生在高校用一年时间完成课程学习,根据研究方向并结合企业实际工程课题的需要进入企业工作站,在校企双导师的共同指导下开展一年半的专业实践与论文工作。与此同时,一些研究者则以国外具体高校的专业学位研究生的产学研联合培养项目为例,对其主要特征、培养体系等进行了深入剖析,并结合我国实际,提出了实践建议和方法。如傅利平等人(2012)以哈佛大学的 MBA/MPA-ID 联合培养计划为例,对哈佛大学的研究生联合培养模式进行全面解读,并分析了其对我国专业学位研究生教育的启示。

(2)对博士研究生层次联合培养的研究。博士生层次的联合培养存在多种类型的实践，目前来看，研究主要在 2010 年之后出现，并集中于三类：其一，对国内高校与国外高校、科研机构等联合培养实践的探索；其二，对国外联合培养实践的归纳、介绍；其三，针对教育部校所联合培养专项开展以来的成效、问题研究。

第一类研究主要源自于对我国"国家建设高水平大学公派研究生项目"的探讨、分析，比较有代表性的是丁岚和李海峥（2010）、何峰等人（2012）的研究。丁岚和李海峥（2010）利用国家留学基金委员会提供的 1977 名赴美联培博士生的数据构建了基于"需求—供给"的简单模型，致力于探讨非传统因素对美国高校与联培博士生之间进行双向选择的影响，其研究结果显示，社会关系的广度（每所美国高校的中国籍教授及研究生数）显著影响这些高校接收的联培博士生数量，国际化水平越高的高校接纳联培博士生的可能性越大，相对于私立高校，美国公立高校更愿意接收中国学生，美国高校的排名、声誉对联合培养博士生的择校倾向也具有重要影响。北京大学研究生院的何峰等人（2012）以国家建设高水平大学公派研究生项目支持下的 500 名北京大学联合培养博士生为样本，通过问卷调查和留学报告整理等方式对联培学生的学习、研究、科研进展、学术发展等相关方面进行研究，并总结了当前公派出国联合培养对人才培养和科学研究的影响及作用。

第二类研究主要基于对欧美等教育发达国家的博士生联合培养实践进行介绍、总结，以期对我国研究生教育教学改革和推进联合培养博士生实践提供借鉴和启示。例如，王正青（2011）围绕校企联合培养博士生实践在欧盟国家的兴起、实施现状以及各国联培项目的共同点和利弊等对欧盟国家校企联合培养博士生的策略与经验进行了详细的分析，其研究指出，校企联合培养博士是大学与产业界强化合作关系的重要方式与途径，是一种新型的博士生培养方式。① 刘亚敏和胡甲刚（2012）则对欧洲国家校企联合培养博士生的背景、动机、类型和内容等进行了总结、分析，指出大学和企业有着不同的动机和利益诉求，通过签署合作协议等方式建立多种类型的联培博士生项目，在博士生研究课题、就业等方面得到企业方的实质性支持，最终形成了大学、企业和学生三方共赢的"开放式创新模式"②。苏兆斌和李天鹰（2013）对欧盟一体化和博洛尼亚进程中欧洲博士生教育的新进展和新趋势进行了梳理，在此基础之上，指出博士生教育应当加强区域联盟、校企合作和导师联合指导。③

第三类研究针对的是2009年教育部高校与科研机构联合培养博士生的专项计划，自专项计划实施以来，一些高校与科研院所、企业的研究人员、管理人员基于实践工作情况开展了一系列研究。《学位与研究生教育》在2012年第1期发表了中国工程院院长周济同志在2011年高等学校和工程研究院所联合培养博士研究生试点工作座谈会上的讲话《育人为本，协同创新》，其中指出联合培养是深化我国高等教育体制改革、培养拔尖创新人才的重要模式，是促进教育与科研有机结合、提高自主创新能力的得力举措，是充分发挥高等学校和工程研究院所的资源优势、实现强强联合的有效机制。在同期的另一篇专稿《强强联手，共育拔尖创新人才：八位领导纵谈联合培养博士生试点工作》中，清华大学、中国科学技术大学、北京

---

① 王正青：《欧盟国家校企联合培养博士的策略与经验》，载《学位与研究生教育》，2011年第12期。

② 刘亚敏、胡甲刚：《校企联合培养：欧洲博士生教育的新探索》，载《学位与研究生教育》，2012年第10期。

③ 苏兆斌、李天鹰：《欧盟一体化背景下欧洲博士生教育的新进展》，载《学位与研究生教育》，2013年第8期。

航空航天大学、北京科技大学、中国工程物理研究院、机械科学研究总院、中国航空工业研究院、中国钢研科技集团八家首批参与校所联培专项计划的单位负责人对于各自单位的校所联合培养博士生的实践、意义、发展前景等进行了展示。上述两篇专稿对于我国校所联合培养博士生实践的推进和相关研究的开展具有较好的引导意义。到2014年，即校所联合培养试点工作开展到第三个年头时，北京大学研究生院的研究人员通过问卷调查和调研访谈等方式总结了校所联合培养博士生试点工作的实施效果和实施过程中存在的问题，研究发现联培项目显出生源质量逐年提高、构建了多层次高规格实践平台、带动了学术交流与科研合作、学生培养质量得到认可等成效，但与此同时，联培项目也存在着管理协调机制不完善、导师遴选标准不一致、培养方案和课程体系特色不足、学位授予要求和成果归属不适应等问题，基于此文章提出了完善联合培养机制的一系列相关政策建议（何峰等，2014）。与此同时，北京科技大学研究人员对42所参与到校所联合培养专项计划中的研究机构进行了访谈和问卷调查，以探讨联合培养专项开展以来的成效和问题，针对研究结果，研究人员们提出了一系列针对性的政策建议以进一步推动校所之间的协同创新与发展（郭德侠等，2014）。

（二）国内联合培养研究生目标定位的研究概况

根据已有文献，将联合培养项目的目标定位作为主要研究对象的研究较少，但是在很多文献中，目标定位通常被作为研究的一个部分，或者散布于文献的论述当中，因此，通过深入分析文献，仍可以发现一些我国学者对联合培养项目成效的认识和理解。通过文献回顾，高校与科研院所、企业等机构之间联合培养研究生的定位主要包括：（1）提升生源质量和培养规模；（2）学科建设与发展；

(3）院所/企业人才储备；（4）知识生产与转移；（5）提升研究生整体素质和能力。

在上述目标定位的论述中，校所联培致力于提升研究生整体素质和能力应当是关于联合培养研究生的研究文献中所反映出的最重要的目标定位。例如周桂清（1986）在对中科院上海光机所与浙江大学联合培养研究生项目的介绍中，认为该项目成效的主要目标是要培养基础扎实、知识面广泛的研究生，并促进研究生在校所合作情境中迅速成长起来。姚家华、夏蓓蕾（1990）将原洛阳工学院与洛阳矿山机械研究所联合培养硕士研究生工作的目标总结为致力于加强学生实际经验和动手能力。而在2000年以后的研究中，虽然研究数量较少，但已经开始有研究者认为研究生的创新能力和创新意识应该是校所联培研究生项目的根本意义所在。例如徐九华等人（2008）对北京科技大学与中国科学院地质与地球物理研究所等科研院所联合培养研究生的研究中，首次提出增强研究生创造性思维意识应当作为校所联合培养研究生项目的重要目标。陈国荣和唐燕辉（2005）在对华南理工大学与法国里昂第一大学、法国国家科研中心联合培养研究生的考察中提出，国内外校所联培研究生有助于加强学生国际竞争意识和创新意识，催生创新科研成果。

文献回顾表明，国内基本没有专门针对联合培养项目目标定位影响因素的研究，但是在对联合培养模式、经验、问题、对策建议等问题的探讨中，可以发现一些学者其实或多或少提及到一些影响联合培养项目目标定位的因素。通过文献回顾，这些影响因素大致可以归纳为如下四类：

（1）校所联合培养工作中，合作方的选择。有研究者指出组织间合作成败在很大程度上源自于合作对象的选择，在联合培养研究生工作中，国内有研究者也明确指出研究生培养是一项不断循环的工作，需要相对稳定的条件，因此需要与一些能够长期合作的单位建立联合培养的关系。长期联合，可使联合单位全面系统地了解研究生培养工作的特点、要求与需要，发挥他们在研究生培养工作方面的主动性。此外，长期稳定的联合必须建立在互利的基础上（郝正里、何振东，1996）。华东师范大学校长陈群教授（2013）基于华东师大和法国高师集团研究生联合培养项目，对于联合培养项目成效影响因素的表述更为明确，他指出高效能的中外联合培养研究生项目，选择合适的合作伙伴是最重要的决定因素之一，对合作伙伴的选择决定着联合培养研究生项目能否长久和顺利地推进。合适的合作伙伴应符合以下四条标准：一是双方都具有强烈的合作意愿，在此基础上，进行互访、沟通和协商；二是合作双方目的要具有互补性；三是合作项目有助于双方教授研究工作的开展，这对于建立长期合作关系至关重要；四是双方不应受经济利益所驱动。[①]

（2）联合培养项目中研究生导师的特征。黄峥（2006）在其研究中也认为影响研究生培养质量诸因素中，导师是最直接、最关键的因素，从某种意义上说要提高研究生培养质量，必须得提高研究生导师的整体水平，所以要加强导师的遴选，将优秀教师选拔到研究生导师队伍中去，保证导师队伍的质量。但是对于他们的这些观点缺乏实证支持。[②]

（3）沟通交流因素。王艳和施志仪（2007）在对上海水产大学与中国水产科学研究所及其他院所、企业的联合培养研究生项目的调研中指出，合作各方之间定期总结交流、互通信息将有利于克服

---

① 陈群：《深度国际学术合作与人才培养机制创新——以华东师大—法国高师集团研究生联合培养项目为例》，载《世界教育信息》，2013年第10期。

② 黄峥：《关于产学研联合培养研究生的思考》，载《科技信息（学术研究）》，2006年第12期。

跨地域距离给联合培养带来的不利影响。① 高兴武和胡涌（2010）通过问卷调查分析了北京市产学研联合培养研究生的问题，并认为"是否有畅通的信息沟通和有效的互动"是影响产学研联合培养主体间合作成败的最主要的因素之一。

(4) 组织管理因素。王艳和施志仪（2007）指出，校所双方除了需要具备良好沟通交流机制以外，"建章立制，规范管理"对于非地理邻近的校所联合培养项目也必不可少。高兴武和胡涌（2010）的研究也指出产学研联合培养研究生项目的成功与合作过程中能否建立起相互理解和信任的机制，是否有周密的研究进度表并严格监督，是否签订了明确的契约协议，是否有恰当的利益分配方式等组织管理因素密切关联。

(三) 国外联合培养研究生的研究概况

在国外，尤其是欧美国家和地区联合培养研究生的实践起步较早，对于机构间联合培养研究生的研究最早可以追溯到 1946 年弗罗因德（Freund，1946）发表的《合作教育系统宣言》（*The Co-operative System: A Manifesto*），弗罗因德认为合作教育可以提供这样一种方案，它使得研究生可以将有价值的亲身工作经历（Hands-on Work Experience）与所在学科的学习结合起来，从而使课堂教学更加有效。他进一步提出合作教育具体的五点目标：在执行指定项目时获取第一手知识；熟知从业人员的观点和所面对的问题；引导研究生择业；逐渐从学术领域过渡到工程职业；训练研究生高级管理

---

① 王艳、施志仪：《产学研联合培养研究生的实践探索》，载《中国高等教育评估》，2007 年第 4 期。

和操作技能。① 该文献后来也成为美国工程教育学会合作教育的重要参考文献之一，对美国许多大学工科产学研联合培养研究生实践产生了深远的影响。20世纪90年代以来，在美国、英国、德国、北欧、澳大利亚等国家和地区推行了各种培养模式改革，联合培养呈现出多元化特征，联合成为高等教育、科技政策、区域创新等研究领域的重要关键词，因此关于联合培养博士生的研究文献十分丰富且成果累累。目前，国外对联合培养研究生项目的研究主要集中于如下方面。

1. 关注联合培养的研究生所起到的重要作用

恩德斯（Enders，2002）、曼格马丁（Mangematin）和罗宾（Robin，2003）、基维克（Kyvik）和奥尔森（Olsen，2008），图恩（Thune，2009）的研究指出博士生是大学中重要的知识生产者。其原因在于博士生是大学中非常重要的研究人员，大学与其他机构之间的合作，改变了博士生研究的水平，进而对大学整体的知识生产带来影响，此外，对博士生的培养同时也是学术环境的再生产过程，博士生培养方式的改变与知识生产模式的转变密切有关（Enders，2002）。

有研究者指出博士生是大学和其他机构之间知识转移的重要渠道，尤其是在他们毕业之后（Gluck，1987；Mangematin，2000）。曼格马丁和罗宾（2003）认为博士生是企业获取其他部门所生产的默会知识（Tacit Knowledge）② 和专门技能的渠道，招募博士生是一种

---

① C.J.Freund, R.Disque, R.Gowdy and F.Seulberger, "The Co-Operative System: A Manifesto", *Journal of Engineering Education*, Vol.37, No.2, 1946, pp.117-120.

② 默会知识，主要是相对于显性知识而言的。它是一种只可意会不可言传的知识，是一种经常使用却又不能通过语言文字符号予以清晰表达或直接传递的知识。

特殊的知识转移方式。温丁（Vinding，2004）也指出招募博士毕业生通过三个相互关联的机制影响企业的创新活动，第一，联合培养博士生增加了企业对科技知识的储备；第二，由于博士生与大学中的研究人员有着共同的或相似的教育背景以及对基础知识的理解，因此联合培养博士生增强了企业大学中生产的知识的吸收能力；第三，联合培养博士生处于大学和企业的临界处，作为"守门人（Gatekeepers）"，他们有助于减少两个部门之间在语言和认知取向上的不匹配，这对于合作和知识转移是非常有利的。①

也有研究指出博士生对于校企之间关系的建立和维持非常重要（OECD，1998）。博士生将他们已有的社会关系，尤其是与校方导师、同事的关系带入到与企业的合作中，这很自然地拓展了企业的网络，换句话说，博士生已有的关系将企业与更广泛的人际网络之间建立联结，使得新联结的产生成为可能（Mangematin，2000）。博士生同时也是强化校企关系的"易货交易（Bartering Arrangements）"的基本成分，大学和企业参与到数据、设备和学生的交换中，促进了它们之间的合作关系，通过联合培养博士生所形成的网络也是确保未来人力资源的重要且有效的方式（Lam，2001），是确保校企合作过程中互信的重要途径（Granovetter，1985；Thune，2006）。

2. 注重对整合性案例的研究分析

随着欧美国家高校与其他机构联合培养研究生实践的不断深入，政府相关部门积极推动，众多高校、企业、科研机构聚集，形成了一系列规范、稳定的联合培养项目，这也吸引了学者们针对案例群

---

① A.L. Vinding, *Product Innovation, Interactive Learning and Economic Performance: Research on Technological Innovation and Management Policy*, Oxford: Elsevier Ltd, 2004.

体的研究，致力于探明联合培养实践的一般性规律。

2000年美国威尔逊基金会资助"迎接挑战的博士改革"项目（Responsive Ph.D Project），在2005年出版的案例集，结合项目参与高校案例，特别谈到博士生培养的新范式、新做法、新人员、新合作，其中，跨部门联合培养博士生就是新合作的一种方式（The Woodrow Wilson National Fellowship Foundation，2005）。

欧洲大学联盟（European University Association，EUA）在"博士生联合教育：加强知识交换的高校—企业伙伴关系"这一报告中呈现了由欧盟—研究总司（European Commission-Directorate-General for research）赞助的"博士—职业（DOC-CAREERS）：从革新博士生教育到增加就业机会"项目的研究发现。报告总结了在博洛尼亚进程的第三圈框架下数个项目中的博士生教育改革所积累的知识和经验，并总结了通过"负责任的合作方针"所开启的校企合作实践。并指出知识生产的方式的改变，高校和企业之间互动的加强，博士生劳动力市场的转变导致了博士生在未来教育、组织方式的争论以及在高校—企业—政府"三螺旋背景"之下作为科学家和研究人员，博士生需要具备哪些能力的争论，如研究就发现当企业招募具有博士学位人员时，格外看重应聘者是否能够将知识融汇到不同的学科和部门中去以创造新的或改变当前的环境。同时，企业也很重视可迁移能力，例如沟通能力、领导能力、愿意改变的能力、创造能力以及处理复杂问题的能力（Borrell-Damian et al.，2010）。

3. 重视基于博士生个体层面的评价性实证研究

20世纪90年代末期至今，针对不同的联合培养模式，已有研究者对一些个体或组织层面的变量进行了深入研究，并对参与联合培养与未参与联合培养的学生进行了比较，例如，有研究者关注博士生在校企合作项目中的互动体验（Interaction Experience），并发现它的影响因素包括科研机构、企业的特点、组织类型、资源交换以及在合作过程中建立的规则等（Gemme and Gringas, 2004; Wallgren and Dahlgren, 2005; Butcher and Jeffrey, 2007）。博士期间的成果变量也是研究者们关注的研究对象，一类重要的成果变量是博士生的学术绩效（Scholarly Productivity），如科研论文数量、商业绩效（Commercial Productivity）、专利数量、学生所体验到的学术自由（Students Perceived Academic Freedom）（Behrens and Gray, 2001; Harman, 2002; Chiang, 2011; Ramli et al., 2013）；另一类是博士生的职业观点（Labor Market Prospects）。研究者们也将博士生的职业观点（Labor Market Prospects）作为重要的成果变量。此外，Thune（2009）的研究发现，联合培养与非联合培养学生在学习体验、满意度和学习成果方面存在一定程度的显著差异。

（四）国外联合培养研究生目标定位的研究概况

对联合培养项目的目标定位或者项目成效的研究可以归类为前文所述的评价性研究，国外这类研究一般是基于博士生群体从组织层面和个体层面进行的主客观评价（Thune, 2011），同时，其他学科领域的理论框架也得到了有效运用，质性研究和量化研究都非常丰富。

但是，由于研究者们的研究关注点和理论出发点不同，对于联合培养项目的成效并没有一个一致的界定和衡量标准，当前对于联合培养项目的成效并没有一个一致的和普遍认可的界定，目前国外该领域研究中，单一性的成效评价较为常见，综合性的成效评价较少。

一些研究者通过借鉴其他领域对于项目成效的界定来给予联合培养项目成效以可操作性的定义和维度划分。比较常见的做法是以满意度作为衡量联合培养项目成效的标准（Harman，2004；Gemme and Gringas，2004；Behrens and Gray，2001；Thune，2011）。例如在贝伦斯（Behrens）和格瑞（Gray，2001）的研究中，他们认为如果所有的参与者都对合作满意，那么就可以认为这个联合培养项目是成功的。① 有学者认为这是一种基于古典自由主义（Classic Liberalism）的观点，因此参与到合作中的每一个行动者在获取自身利益和达到自身目标时并不去考虑其他行动者的利益和目标（Thomson and Perry，2006）。此外，研究生的职业取向和就业效果（Mougérou，2001；Gaughan and Robin，2004），技术与知识的开发（Barnes et al.，2002），合作主体间知识后转移的能力以及新产品的商业化程度（Bekkers and Freitas，2011），合作关系的持续性（Cyert，1997），以及前文提及的博士期间的成果等变量，也被看作是重要的项目成效。

但是波茨曼和博德曼（Boardman，2001）指出："对于合作成效进行单维度的界定并不现实"②。原因可能在于：首先，联合项目的参与机构一般都不是同质性（Homogeneous）组织，它涉及不同的参与者和利益相关者（如高校、科研院所、企业、政府/非政府机构等），它们对于联合培养项目的目标定位和成效有着不同的理解和认知（有主观的或客观的，抑或两者皆有）；其次，对于项目成效的界定会因合作关系类型的不同而不同，每一种合作关系都有不同的目

---

① T.R.Behrens and D.O.Gray,"Unintended Consequences of Cooperative Research: Impact of Industry Sponsorship on Climate for Academic Freedom and Other Graduate Student Outcome",*Research Policy*,Vol.30,No.2,2001,pp.179-199.

② B.Bozeman and C.Boardman,Research & Technology Collaboration and Linkages: Implications from Two US Case Studies,Report to the Council of Science & Technology Advisors,Ottawa,2001.

标、活动、过程和结果,这些会带来许多短期和长期的效应;第三,对于项目成效的界定同时还取决于所研究的合作过程所处的阶段(Thune,2011)。因此,虽然单一性的成效评价是当前国外研究的主体,但也有一些研究者对联合培养项目的成效内容进行了综合性的和系统性的划分。

由美国国家科学院（National Academy of Science, NAS, 1997）支持的一个工作坊报告提出了校企合作成效的普遍性的指标体系:[1]

(1) 项目的阶段性目标的实现;

(2) 合作主体间频繁的沟通交流;

(3) 项目所产生的科研论文及学生论文的数量;

(4) 项目所产生的新想法的数量和质量,它使得合作主体的相互影响、相互促进;

(5) 知识产权（例如申请或获得的专利、著作权的数量）;

(6) 被企业合作方聘用的博士生数量和质量的提升;

(7) 主体间合作关系的持续性;

(8) 企业合作方财政状况的改善。

范吉尔斯（Van Gils, 2012）将项目成效划分为两大类:[2]

(1) 技术层面指标（Technical Criteria）,通常涉及合作主体间知识转移的质量以及合作主体对于目标实现程度的满意度;

(2) 非技术层面指标（Non-technical Criteria）,这类指标主要是关于合作的过程,涉及外部知识（External Knowledge）的应用以及内部活动（Internal Activity）的可持续性。

---

[1] National Academy of Sciences, *Industry-University Research Collaborations: Report of a Workshop*, Washington D.C.: National Academy Press, 1997.

[2] M.J. Van Gils, The Organization of Industry-Science Collaboration in the Dutch Chemical Industry, Dissertation, University Nijmegen, 2012.

萨利米（Salimi）等人（2013）在对高校与企业联合培养研究生的研究中认为，成功是指达到合作的各种目标的程度，各方参与合作是为了达到相互了解，互信并实现共同的兴趣，并且他们指出，成功是一个多维度的概念，应根据具体的合作项目对其进行扩展，基于前人研究，他们围绕三个方面对联合培养研究生项目的成功进行测量：①

（1）测量知识转移、吸收、应用或商业化的程度；

（2）联合培养项目双方合作关系的可持续性；

（3）合作双方是否在研究生毕业后提供工作。

上述文献回顾表明，在对高校与其他机构联合培养研究生项目的评价性研究中，国外研究者们从不同的角度对联合培养项目目标定位或成效进行了专门性的研究，研究结论也非常丰富，但不难发现，这些结论实质上有许多共同之处，本研究对国外文献中对于联合培养项目的成效的探讨可以归纳和总结为如下几个方面：（1）合作满意度，主要涉及参与到联合培养研究生项目中的人员（主要是各方导师、研究生、相关科研人员等）对双方开展学术、科研、交流、研发、生产合作过程中所体现出的主观性认知评价；（2）知识生产与转移，主要涉及以联合培养研究生为依托所进行的学术产品和成果的生产，技术、知识的开发以及其在合作组织之间的创新、转移、流动、转化、运用、商业化等活动；（3）研究生的就业，如前文所述，高校与其他机构间进行的研究生（尤其是博士生）联合培养活动是对当前研究生就业市场的变化所做出的积极反应，因此，这些项目比较关注最终所培养的人才的就业，尤其是作为科研院所、企业等的后备人力资源贮备的情况。

---

① N. Salimi, R. Bekkers and K. Frenken, Governance and Success of University-Industry Collaborations on the Basis of Ph. D. Projects: An Explorative Study, ECIS Working Paper, 2013.

在关注联合培养项目目标定位或成效的同时,国外研究者们更想探明是哪些因素决定了项目最后能否达成预定目标。当前对于该领域的研究发展比较充分,研究者一般通过建构研究模型,使用多种研究方式去探析联合培养项目目标实现的组织层面、个体层面影响因素以及这些因素相互之间的关系。

很多研究者都强调合作主体之间之前的合作经验(Previous Collaborative Experience)的重要作用(Hahn et al.,2008),他们的研究发现校企之间的合作关系主要是基于双方之前已建立的关系和网络之上的,双方的机会(Opportunity)、熟悉程度(Familiarity)、信任(Trust)等社会资源都源自于之前的合作经验,这些资源有利于合作过程的展开以及交易成本(Transaction Costs),因此之前的合作经验会影响到合作主体对于项目成效的评价。

邻近性同样也被研究者们认为是影响校企合作的一个重要变量(Mora-Valentin et al.,2004),尤其是地理上的临近,原因在于它使得合作主体间的沟通变得容易,当合作主体处于同一地理区域时合作更有效率。但实证研究的结论却出现很大分歧,一些研究者并没有发现这一变量对于校企合作研究成效的显著影响(Schartinger et al.,2002;Thune,2009)。但是萨利米等人(2013)的研究却发现了地理临近性对于联合培养项目的治理模式有显著影响,而对项目的治理最终又影响到项目的成效,因此可以推断地理邻近对于项目成效的影响可能是间接的。① Thune(2011)也承认也许在校企合作教育方面,地理邻近非常重要,因为研究生、导师、企业之间的直接接触是合作教育的中心,此外,其他的邻近类型,如认知邻近、

---

① N. Salimi, R. Bekkers and K. Frenken, Governance and Success of University-Industry Collaborations on the Basis of Ph.D. Projects: An Explorative Study, ECIS Working Paper, 2013.

组织邻近、知识/技术邻近、社会邻近性等对于联合培养项目的成效同样非常关键（Salimi et al.，2014），例如前文所说的合作经验其实也被一些研究者归类为社会邻近性。但是到目前为止，对于邻近性与研究生联合培养效果的关系，尚无一个完整的实证支持。

对于双方能力（Competences）在一定程度上的互补对于校企之间的合作也是非常重要的，因为组织之间在能力上的互补是选择合作的重要动力，校企合作在教育和科研方面很大程度上也需要双方实现协同（Barnes et al.，2002）。

沟通交流（Communication）被认为是合作过程中影响联合培养项目成效的一个重要因素，它主要涉及沟通交流的频率和质量，它之所以对联合培养项目的成效会产生影响，原因在于经常性沟通能使得合作主体间建立起对项目的共同的目标和共识，降低不确定性，增加相互了解，进而使合作更顺利展开并更具可持续性（Bonaccorsi and Piccaluga，1994；Geisler，1995）。此外，研究还发现沟通频率与校企合作绩效之间是一个双向的影响关系，即增加沟通频率对于绩效有正向的影响，而合作主体对于绩效的良好体验反过来又促进了沟通交流（Bonaccorsi and Piccaluga，1994）。

对联合培养项目的管理（Project Management）也得到很多研究者的重视，它主要涉及建立共同的预期和目标，建立起项目规划，强调对项目开展过程的系统监督（Butcher and Jeffrey，2007；Barnes et al.，2002）。如阿茨（Artz）和布拉什（Brush，2000）所说，为了实现共同决策，参与到合作中的组织机构必须要知道如何去管理相互间的关系，并找到解决问题和冲突的方式。[①] 实证研究也发现项

[①] K.W.Artz and T.H.Brush,"Asset Specificity,Uncertainty and Relational Norms:An Examination of Coordination Costs in Collaborative Strategic Alliances",*Journal of Economic Behavior & Organization*,Vol.41,No.4,2000,pp.337-362.

目管理对成效的正向影响（Salimi et al.，2014；Jung et al.，2010）。

合作主体对于项目的资源投入（Resource Involvement）程度一直也是研究者们关注的重要变量，它主要涉及经济和人力资源方面的投入（Thune，2011），例如，研究发现一定程度的资源投入能够增加合作主体领导和员工的参与度，这对于形成良好的合作习惯有正向的影响（Mora-Valentin et al.，2004）。

此外还有研究者关注到合作的制度化程度（Degree of Institutionalization）对项目成效的影响，但研究结果却出现很大的分歧，例如盖斯勒（Geisler，1995）指出它对于合作是有正向影响的，①而莫拉-瓦伦汀等人（Mora-Valentin et al.，2004）和奥卡姆罗（Okamuro，2007）的实证研究却指出制度化程度较低的合作项目也是能够成功的。②③

（五）国内外联合培养研究生教育相关研究小结

基于国内高校与其他机构联合培养研究生的文献，本研究分析了国内在该领域的主要研究问题和近年来研究者们的重要关注点。根据国内文献回顾，本研究总结出当前国内该领域的一些实践和研究现状、问题和未来发展趋势。

---

① E.Geisler,"Industry-University Technology Cooperation：A Theory of Inter-Organizational Relationships",*Technology Analysis & Strategic Management*,Vol.7,No.2,1995,pp.217-229.

② E.M.Mora-Valentin,A.Montoro-Sanchez and L.A.Guerras-Martin,"Determining Factors in the Success of R&D Cooperative Agreements between Firms and Research Organizations",*Research Policy*,Vol.33,No.1,2004,pp.17-40.

③ H.Okamuro,"Determinants of Successful R&D Cooperation in Japanese Small Businesses：The Impact of Organizational and Contractual Characteristics",*Research Policy*,Vol.36,No.10,2007,pp.1529-1544.

（1）我国高校与其他机构联合培养研究生内容丰富、形式多种多样。自研究生教育恢复以来，从合作的主体来看，高校、科研院所、企业、政府机构、国外教育科研机构和企业等纷纷参与到研究生的联合培养中；联合培养研究生对象广泛，从层次上来看，有博士层次和硕士层次，从学位类别上来看，有专业学位和学术学位，从培养类别上看，有全日制培养，也有在职培养。从近年来的文献来看，博士生层次的联合培养实践逐渐成为研究者们关注的重点，这也契合了博士生培养的重要意义，并映衬了当前知识生产模式转变、博士生培养方式和组织方式变革的时代背景。

（2）对联合培养这种研究生教育形式进行研究的学者并不局限于教育学领域。文献回顾表明，大多数研究者并不是专门从事高等教育研究的学者，而更多的是具体联合培养项目的实践者——他们可能是参与具体项目的校方或合作机构的领导、研究生导师、科研人员，也可能是具体项目或学科负责人，也可能是研究生管理部门的管理、研究人员等。

（3）高质量研究整体呈现出数量少、片段化、缺乏持续性的状况。高产作者发表在CSSCI检索期刊上的文献数量有限，虽然在近年来略有增长，但每年的发文量只在10篇左右，高被引文献也极少，这说明较少有研究者长期地专注于联合培养研究生实践的研究，这在很大程度上说明当前对于联合培养研究生的研究尚未在研究生教育研究领域得到充分的重视。

（4）针对具体联合培养研究生实践的个案研究是已有文献的主导。在检索到的已有文献中，研究多集中于具体高校与其他机构之间在具体学科联合培养研究生项目上，为数不多的几个研究针对区域性的产学研联合培养研究生项目进行了调研。这些研究由于受限于具体的学科、地域、学校层次等，其研究结果和经验总结不一定具备普适性和可推广性。

（5）对于高校与其他机构联合培养研究生项目的目标定位缺乏明确的定位。对于联合培养研究生实践，涉及高校与其他机构之间的合作问题，在组织管理学领域已经对多种类型的组织间合作进行了分析，但在国内文献中基本没有对校所之间这种合作的内涵进行深入的探讨和分析，作为一种教育实践，国内学者们也尚未能够科学、客观地通过研究回答这种教育应当达成什么样的具体目标。

（6）研究多以经验性总结、描述为主。首先，研究者们对于联合培养研究生的探讨多基于项目的运行情况、个人观点和经验以及官方政策文件的总结，缺乏实证研究支持。其次，为数不多的几个研究虽然采用问卷调查等方式对联合培养项目参与主体进行调查，但缺乏明确理论指导，在问卷设计和统计方法等方面有明显的局限性，这些将导致调查内容极易以偏概全，调查结果不具有普遍代表性和可借鉴性。此外，基本没有研究者对成效及其影响因素之间的内在逻辑关联进行研究。因此，可以说到目前为止，我国对于联合培养研究生项目效果及影响因素的科学、客观、系统的研究尚处于空白阶段。

而根据国外文献回顾，本研究将国外在该领域的一些实践和研究现状、问题和未来发展趋势总结如下：

（1）研究多以高校与企业之间的合作为主。这深刻反映了新知识生产模式下，原来的知识生产部门与知识应用部门互动的加深，双方角色界限的模糊，企业希望提升其市场竞争力、增强产品和生产过程的创新、降低研发成本、获取知识/技术转移的机会，而高校希望获得基础研究资助、获取专利技术和研究设备、获取研发机会、获取企业专门知识、解决实际问题、提高研究生就业机会，校企联合培养研究生必然也成为了双方合作或战略联盟的重要活动。

(2) 对联合培养项目成效的认知也开始从科研整体获益作为出发点向全方位提高研究生教育质量和重视研究生获益扩展。文献回顾表明，早期研究多集中于校企合作所带来的科研绩效的提升，如发表科研论文、专利、科研成果商业化等方面，研究生培养多被看作是促进科研和校企合作关系的一个组成部分。2000年以来，尤其是近年，学者们越来越多地将研究的重点放在研究生联合培养上，并关注研究生对项目的主客观评价。

(3) 尝试对高校与其他机构联合培养研究生项目的目标定位或效果进行可操作性的界定和划分。研究者们根据其研究的对象、目的等尝试性地对联合培养项目的成效进行界定和划分，但是这也造成了一种混乱现象，缺乏针对性的界定和一致的内容维度划分，可以说国外该领域的研究仍然有很大的局限性，对于联合培养项目成效的界定和划分仍悬而未决。

(4) 联合培养项目成效的影响因素是一个复杂和动态的体系。文献回顾表明，研究者们发现了组织层面、个体层面的众多影响因素，但是由于组织间合作与组织的特征、所处的文化、经济、社会、政治等背景以及时间段密切相关，它犹如一个黑箱，每一项研究都致力于打开黑箱，发现其内在的元素，但是可以断定已发现的影响因素只是整个体系的冰山一角。因此，需要整合已有的研究发现，结合具体的联合培养实践对项目成效的影响因素进行合理的判断和选取。

(5) 研究多以实证研究为主。研究者们通过问卷调查、访谈、案例分析等多元的研究手段对联合培养进行考察，三螺旋模型、新知识生产模式，巴斯德象限等理论被用来解释联合培养的动机、模式、趋势等问题，研究角度也呈现多元化趋势，心理学、组织行为学等领域的研究范式被充分运用，研究的指导性和可借鉴性较强。

联合培养项目是一个涉及多元利益相关者的实践活动,参与主体,如高校、企业、导师、学生等对于项目的评价有着不同的观点(Bekkers and Freitas,2011),而当前国外研究大多从某一方的角度出发,不可避免造成研究结果的代表性不足或客观性问题,但萨利米等人(2014)也提出可以从研究设计上尽可能消除这种影响。①

(6)对联合培养项目中的一些重要培养环节重视不足。根据文献回顾,研究大多探讨了联合培养研究生在科研实践环节、与企业/导师互动、就业等环节的特征,作为一种研究生培养模式,联合培养项目必然需要符合研究生教育的一般规律,而文献中很少有针对课程设置、导师指导、论文工作等具体的研究,这在一定程度上会影响到对联合培养项目成效及其影响因素研究的完整性和充分性。

总体来说,与国外研究相比,国内关于联合培养研究生项目的研究正处于不断深入的阶段,对联合培养项目,尤其是联合培养博士生项目的案例整合研究和评价性研究也成为对联合培养实践进行考察的重要趋势,因为这些研究有利于探索联合培养这一特殊的研究生教育模式内在规律性,发现实践中的积极因素和存在的重要问题,对于联合培养项目实践的不断推进具有很强的指导性和可借鉴性。同时,案例整合研究和评价性研究中,对于联合培养研究生的效果及影响因素的研究仍处于初始阶段,虽然有少数研究专门针对当前联培培养研究生的效果、问题等进行了探讨,但这些研究也多为泛泛而谈,虽有研究已开始真正将研究聚焦于"培养什么样的人才,怎样培养人才",但是对于校所联合培养博士生这种跨组织高层

---

① N.Salimi, R.Bekkers and K.Frenken,"Governance Mode Choice in Collaborative Ph.D.Projects",*The Journal of Technology Transfer*, Vol.40, No.5, 2014, pp.1-19.

次人才培养活动所应体现的目标定位、意义和内涵也只是浅尝辄止，而对于这种培养活动对人才培养效果的影响因素的专门性、系统性研究也基本上处于空白阶段。结合国内外相关实践和研究的特征、优势与不足，本研究将综合运用来自组织学、社会学、心理学、管理学等多学科的理论对校所联培博士生实践进行深入的研究。

第三章 科技人力资本理论的提出及拓展

(一) 科技人力资本理论的提出

舒尔茨 (Schultz, 1961) 首先提出人力资本 (Human Capital) 的概念, 认为人力资本是凝聚于劳动者本身的知识、技能以及所表现出来的劳动能力。[①] 贝克尔 (Becker) 和舒尔茨等人指出正规教育、培训以及科学研究在人力资本形成中的重要作用, 舒尔茨甚至将科学研究和正规教育比喻为生产新资本形式的"工厂", 他断言科学研究可以产生两种形式的资本: 其一是人力资本, 即科学研究转化为新技能 (New Skills) 和具有经济价值的人类能力; 其二是非人力资本, 即科学研究转化为具有经济价值的新材料 (New Materials)。贝克尔 (2009) 认为科学知识的增长提升了劳动者的生产力, 并增加了凝结于科研人员、技术人员、管理人员和其他工作者身上的教育、培训价值。[②] 人力资本理论提出以来对经济学、社会学、教育学等学科的发展产生了重大而深远的影响, 它将教育、经验与收入、生产率等联系在一起, 众多实证研究反复证明了其重要

[①] T.W.Schultz, "Investment in Human Capital", *The American Economic Review*, Vol. 51, No.1, 1961, pp.1–17.

[②] G.S.Becker, *Human Capital: A Theoretical and Empirical Analysis, with Special Reference to Education*, Chicago: University of Chicago Press, 2009.

性。但是有很多学者也直言不讳地指出人力资本理论自提出以来并未得到很大的发展,"事实上,由于学者们在实证研究中多将人力资本概念以受教育年限、工作年限以及与经济生产力有关的教育等进行操作,这便使得理论的进一步发展被忽视了"(Sweetland,1996)。诺德豪格(Nordhaug,1993)也指出人力资本理论仍然面临着概念上的不足:"人力资本的实质仍然是一个'黑箱',尽管在教育、培训、迁移、健康等人力资本的投资方面有了一个大致的区分,但是这只不过是产生人力资本的方法、途径的实质,而非人力资本本身的实质所在"。[①]

早在20世纪六七十年代,就已经有学者注意到社会网络(Social Network)对于科学研究和科学家本身的重要意义(Price,1963),他们基于社会网络视角分析了科学知识的产生、传播与扩散,并提出了一个概念:"无形学院(Invisible College)"。无形学院建立在科学家群体中的人际关系以及沟通交流之中,这些关系和沟通能够促进各种形式的合作,并且使得科学家们相互交换思想、观点并密切关注自身领域或相关领域中的研究动态和进展。波茨曼认为利用社会网络理论,学者们虽然将个体科学家的生产力与那些处理相同问题的科学家大群体的生产力联系起来,但是学者们并没有去探索这些联系的性质和功能,他们的研究主题也往往从格兰洛维特(Granovetter)的"弱连接(Weak Ties)"和博特(Burt)的"结构洞(Structural Hole)"等社会网络理论中得到解释(Bozeman et al.,2001;Granovetter,1973;Burt,2009)。直到20世纪80年代左右,布迪厄(Bourdieu)、科尔曼(Coleman)等学者才正式提

[①] O.Nordhaug, *Human Capital in Organizations: Competence, Training, and Learning*, Oslo: Scandinavian University Press, 1993.

科技人力资本视角下工程拔尖创新人才培养的实践与探索

出了社会资本（Social Capital）这一概念。布迪厄（1992）认为社会资本就是指，"实际的或潜在的资源的集合体，这些资源是与对某些持久的网络的占有密不可分的，这一网络是大家共同熟悉的、得到公认的、制度化的网络"①。科尔曼（1994）认为社会资本不是一个单一实体，而是由一系列拥有两个共同要素的不同实体所构成，这些要素均由社会结构的一些方面构成，而且它们促进了参加者的某些行动，并指出了人力资本和社会资本的关系：社会资本促进了人与人之间人力资本的交换。②

波茨曼认为在传统人力资本理论中，人被看作是一种知识传送机制，在这个机制中，以教育、培养等形式进行投入，产出则以生产率、收入和经济增长来作为衡量单位，人力资本理论强调了知识生产的价值，但是知识重组（Recombination）、转化（Transformation）和应用（Application）等过程却被遗漏了，而这种过程发生在人力资本发展的过程"黑箱"中，它具有内在社会性。换句话说，传统人力资本理论的一个重要假设就是：对个体在教育、培训方面的投入与其最终生产力等方面的输出之间的关系是直接的，忽略了人力资本发展的"社会嵌入性（Socially-Embedded Nature）"，即人力资本的发展和形成并不是在真空中实现的，它不是一个孤立的过程，没有社会网络和社会连接，知识、理念的创造和转移将无法实现。基于此，波茨曼将社会资本看作是在知识交互过程中能够将合作者联合起来的"黏合剂"。在他看来，首先，社会资本必须是有用的；其次，对于那些共事以实现共同性、互惠性目标的科学家、指导老师、学生、

---

① P.Bourdieu and L.J.D.Wacquant, *An Invitation to Reflexive Sociology*, Chicago: University of Chicago Press, 1992.

② J.S.Coleman, *Foundations of Social Theory*, Cambridge, Massachusetts: Harvard University Press, 1994.

管理人员以及群体中的其他关键人物而言，社会资本必须要能够挖掘出他们之间的互补性资源；第三，通过将信息转化为正式或非正式知识来产生价值。基于社会资本在人力资本构建过程中的重要作用，波茨曼等人将社会资本概念引入到传统的人力资本"投入—输出"模型中，提出了更具解释力和整合性的科技人力资本理论，该理论认为在个体层面，科技人力资本包括了个体认知的、基于知识的、技能的禀赋，以及个体与外界直接或间接的社会联结，个体层面的人力资本理论模式详见图3-1。

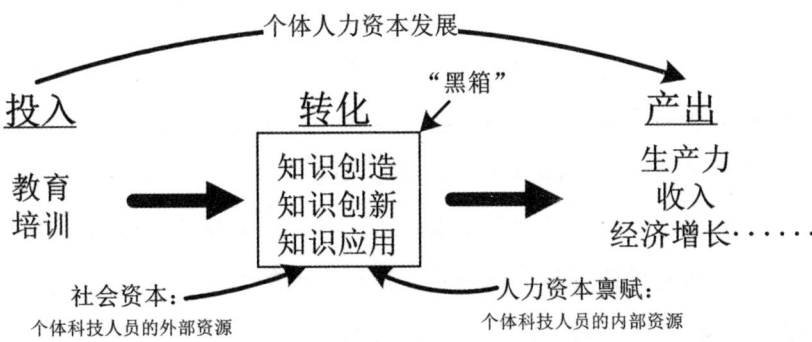

图3-1 科技人力资本理论模型

资料来源：根据波茨曼等（2001）的研究整理而成。[①]

波茨曼等人对个体层面的科技人力资本的内容进行了详尽的阐述，具体而言，科技人力资本包括了如下两个方面的内容（Bozeman et al., 2001; Bozeman and Klein, 1999）：

首先，个体人力资本禀赋或科技专门技能（Scientific and Technical Know-How）。波茨曼等将科技专门技能称为科学家和技术

[①] B.Bozeman and C.Boardman, Research & Technology Collaboration and Linkages: Implications from Two US Case Studies, Report to the Council of Science & Technology Advisors, Ottawa, 2001.

人员的"内部资源（Internal Resources）"，它主要由认知技能（Cognitive Skills）、实质性的科技知识（Substantive Scientific and Technical Knowledge）和与工作有关的技能（Work-Related Skills）构成，并且任何个体科学能力（Individual's Scientific Capabilities）都可以被归类到上述三种资源中的一种或几种中。其中，认知技能，主要涉及独立于环境（或者说与环境相互作用但并不由环境所决定的）的认知能力，如数学推理（Mathematical Reasoning）、记忆力（Memory）等。认知技能所涵盖的能力与科学有关，但又绝不仅仅只与科学有关；实质性的科技知识可以被描述为个体通过正规的科学教育、对于具体理论和解释的阅读性知识（Reading-Knowledge）和具体实验研究发现而获取的知识类别；与工作有关的技能，或者称为关联型技能（Context Skills）是指通过实践、创造活动而获取的知识，包括了默会知识（Tacit Knowledge）、手艺技巧（Craft Skills）以及与具体实验研究计划的设计、执行有关的知识。研究者们认为关联型技能非常重要，因为其所具有的特殊性：它虽然不能直接用于解决新的科学技术问题，但是它们能够为问题解决的启发法（Problem Solving Heuristics）提供基础，并构成了一个可以迁移到其他情景中的"动作库（Action Repertoire）"。波茨曼等人假设上述三种资源可能存在重叠，而知识、技能类别又分别由多个维度构成，维度的数量随着个体的不同而不同，可以认为某个人在每个维度上都有"载荷（Loading）"（可理解为或多或少地具备与该维度有关的能力）。对于"通才"式的个体，可能具备多个维度的能力，但是在每个维度上的"载荷"都较低，而对于"专才"，可能只具备少数几个维度的能力，但是至少在某些维度上有较高的"载荷"。同样地，各种类别之间也是不平衡的，一些个体可能具备正式知识方面多维度的能力，且在每个维度都有较高的载荷，而另外一些个体可能具备在特定情境的知识方面多维度的能力，且在每个维度都有较高的载荷。各种能力的程度与个体的职业轨迹（Career Trajectories）密切相关，处于科研生涯早期的个体倾向于获取更大比例的正式的实质性知识，随着时间推移，关联型技能的比例却可能逐渐增大。

其次，嵌入在网络连接中的社会资本。在科技人力资本理论模型中，除了所谓的"内部资源"外，还包括了与知识和技术生产密切相关的个体"外部资源（External Resources）"——学术科研网络连接中的社会资本。波茨曼等人认为科学技术人员与外部不同个体节点（Nodes）构成了不同质量的网络连接，这种"不同"源于网络合作伙伴（如产业界伙伴、学术界伙伴等）的制度环境（Institutional Setting）差异或扮演角色（如企业家、科研资助机构、科研同行等）的差别。众多研究已经发现了科学家和技术人员的外部网络连接特征，如连接强度（Strength of Ties）或者网络密度（Density of Network）等对他们在网络中的行为（大致可以看成是对科技人力资本的积累）具有预测作用。波茨曼等认为科学家们利用各种通过网络获取的资源（Network-Mediated Resources）来使得他们的工作以及这些资源（科技人力资本）对于每个具体的科研人员都形成独特配置，同样地，科研人员带到课题项目或工作任务中去的也是这种独特科技人力资本的一部分。

在对个体层面的科技人力资本的内容进行了分解之后，波茨曼等人强调科技人力资本所具备的两个特征（Bozeman et al., 2001; Bozeman and Klein, 1999）：

首先，科技人力资本是动态的、不断发展变化的。取决于个体的不同，每个人可能在某一个时间点具备或多或少的维度，且在任何一个具体的时间点上，个体在某个维度上的载荷也不相同。因此，

科技人力资本视角下工程拔尖创新人才培养的实践与探索

根据波茨曼假设的个体科研生涯三个时间段：$t-1$（参与项目之前），t（参与项目时），$t+1$（参与项目后），他假设在时间 t，个体具有关联型技能类别的三个维度（例如，操作燃烧室的能力、解释仿真程序的能力、对燃烧器进行隔热处理的能力），在时间 $t+1$，上述技能可能被强化了，可能被削弱了，甚至有可能丧失了，而新的技能可能会得到一定程度的增加。同样地，在任何一个时间点，不仅可以辨别个体与学术领域内其他科研、技术同行之间直接和间接的社会连接，而且也可以辨别个体与使用产业界的科学技术知识相关的那些社会连接。而在时间 $t-1$，个体只有较少的社会连接和知识、技能维度，但是在时间 $t+1$，个体具备了更多的社会连接和知识、技能维度。科学地评价一个科研项目的任务就是要明晰科技人力资本的变化与参与项目之间的关系，或者说，个体层面的评价问题就是要探查项目在多大程度上强化了参与者的科技人力资本。因此，评价中应考虑如下问题：作为项目的最终结果，参与者们是否能够更好地致力于未来的科学技术事业；参与者们的科技人力资本是否增长了，是否以满足未来需求的方式增长，且这种增长是否是源自合作项目或课题的参与。

其次，科研合作对科技人力资本发展具有重要意义。科研人员的科技人力资本可以看成是其学术网络连接及其科技技能和资源的综合，那么科研人员如何获取并应用这些资源呢？传统人力资本理论的回答是通过正规教育和培训，科研人员们通过正规教育过程获取并传递知识，这通常也带来了意味着科学资产（Scientific Assets）的文凭；而社会学家也发现了一些非正式的网络连接对于科学知识的获取和传递同样重要，也有研究证明了默会知识对于科技人力资本的重要性（Nelson and Nelson，2002；Balconi，2002）。波茨曼等学者关注的是另一种特殊的途径：科研合作。

波茨曼等人（2001，2004）认为组织或个人层面的科学合作通常是发展科技人力资本的关键，尤其是在涉及合作情境下的科研指导、人才培养等活动时，当在更有经验的科学家的指导之下，在良好的学术科研环境之中，年轻科学家、博士后研究人员、研究生等迅速发展起一系列的科技人力资本，不仅仅只是科学技术知识的强化，而且还包括在专门技能技艺、组织和计划研究的能力以及与其他科学技术人员、企业和科研资助机构联系能力的加强，因为很多合作项目并非只是简单地完成当前的研究工作。[1][2] 众多研究指出作出合作的选择由一系列因素决定，比如组织间结构（Landry and Amara，2001），非正式和正式的研究网络（Wen，2001），科研联盟和契约（Pisano，1991），以及共享昂贵或稀缺性科研资源和设备的协议等等（Kevles，1995）。

林（Lin）和波茨曼（2006）特别强调了校企合作与个体科研人员科技人力资本之间的关系。他们认为通过校企合作而获得的具有产业界经历、经验的学术型研究人员（Academic Researchers）与那些一直在学术型机构的研究人员相比，有着本质上不同的科技人力资本。[3] 特别地，那些具有产业界经历的个体更倾向于保有更多从企业工作中所获取的社会资本和网络连接，相较而言，一直在学术机构的个体更多地拥有由学术界科学家构成的网络连接。校企合作带

---

[1] B.Bozeman and C.Boardman, Research & Technology Collaboration and Linkages: Implications from Two US Case Studies, Report to the Council of Science & Technology Advisors, Ottawa, 2001.

[2] B.Bozeman and E.Corley, "Scientists' Collaboration Strategies: Implications for Scientific and Technical Human Capital", *Research Policy*, Vol.33, No.4, 2004, pp.599-616.

[3] M.W.Lin and B.Bozeman, "Researchers' Industry Experience and Productivity in University-Industry Research Centers: A 'Scientific and Technical Human Capital' Explanation", *The Journal of Technology Transfer*, Vol.31, No.2, 2006, pp.269-290.

来两方面的变化，一方面，所能够指导、支持的研究生或博士后人员的数量或类型发生了变化；另一方面，科研经费、项目基金等的数量、来源或构成也发生了变化。上述由于校企合作所产生的不同或变化对于科技人员的科技人力资本和生产能力有着重要影响。林和波茨曼（2006）通过两种项目评价观点进行了更进一步的阐述。第一种观点，他们称为"输出模型（Output Model）"，这种模型将研究人员正式知识产品的生产作为评价标准（如学术论文、专利、技术报告等），立足于质量均衡（Quality Constant），更多的产品意味着更好的效果，基于输出模型，校企合作的价值在于它允许大量的知识产品产出；第二种观点被称为"能力模型（Capacity Model）"，校企合作中的研究人员不仅仅要生产正式知识产品，还要强化校企合作项目、高校甚至所从事的科学领域具备对知识生产做出持续性贡献的能力，换句话说，在该模型下，知识产品肯定很重要，但是校企合作还应当具备丰富科学和工程职业，培养和安置研究生，并塑造与其他机构（企业、高校，及其他提供基金和资源的机构）之间连接的能力。可以看出，在第二种模型中离散型的（Discrete）知识产品固然重要，但是还要考虑到合作对于强化科技人力资本的重要作用。

（二）科技人力资本理论的补充和完善

波茨曼等人对传统人力资本"投入—产出"模型进行了检视，更加关注从投入到产出之间的过程"黑箱"，通过理论论证和一系列实证检验，他们强调了社会资本在人力资本形成和发展过程中的重要作用，进一步将社会资本理论和传统人力资本理论进行了整合，但随着研究的深入，以及近 10 多年以来心理资本等重要概念的提出和持续性研究，科技人力资本理论可在如下方面进行完善：

首先，在过程"黑箱"中，除了考虑社会资本和人力资本禀赋及其互动的重要作用之外，还应当考虑个体的积极心理力量，即个体心理资本的重要作用。心理学家路桑斯（Luthans）和约瑟夫（Youssef）以积极心理学和积极组织行为学的观点为理论框架，在分析经济资本、人力资本和社会资本的特点和区别后，提出了心理资本的概念，并将其定义为：个体一般积极性的核心心理要素，具体表现为符合积极组织行为标准的心理状态，如自我效能感（Self-Efficacy）、希望（Hope）、乐观（Optimism）和坚韧性（Resilience）等，它独立于人力资本和社会资本，并能够通过有针对性的投入和开发而使个体获得竞争优势（Luthans and Youssef，2004；Luthans et al.，2005）。路桑斯等人（2004）对人力资本、社会资本和心理资本进行了辨析，并形象地将人力资本表述为："你知道些什么（What You Know）"，社会资本表述为："你认识谁（Who You Know）"，而心理资本则可以表示为："你是谁（Who You Are）"。[①] 作为个体在特定的情景下对待任务、绩效和成功的一种积极状态，心理资本对个体的认知过程、工作满意度和绩效都有着显著的影响（Luthans et al.，2004）。因此，本研究认为心理资本与社会资本一样也是人力资本投入—输出过程"黑箱"中的重要影响因素，并提出拓展完善后的科技人力资本理论，即个体层面的科技人力资本包括了个体认知的、基于知识的、技能的禀赋（人力资本），个体与外界直接或间接的社会联结（社会资本）以及个体积极的心理状态（心理资本）。如果按照波兹曼等人（2001）的观点，社会资本是知识交互过程中能够将合作者联合起来的"黏合剂"，那么我们可以认为心理资

[①] F. Luthans, K. W. Luthans and B. C. Luthans, "Positive Psychological Capital: Beyond Human and Social Capital", *Business Horizons*, Vol.47, No.1, 2004, pp.45-50.

本是促进合作者联合的"催化剂"。

其次,科技人力资本理论强调了合作(个体层次或组织层次的合作)对于科研人员社会资本和人力资本禀赋发展的重要作用,但是社会资本与人力资本禀赋之间的确切关系是怎样的?科技人力资本理论对上述问题缺乏深入的探析,尤其将心理资本理论整合到科技人力资本理论当中,还应当考量个体积极心理状态在社会资本和人力资本禀赋关系中所起到的作用。其实对于社会资本与人力资本禀赋之间的关系问题,可以从研究者们对社会资本与人力资本禀赋的研究中得到启示。例如科尔曼(1988)在《美国社会学杂志》(*The American Journal of Sociology*)上发表的研究探讨了家庭和社区的社会关系是影响人力资本的构建的重要因素,通过对家庭和学校环境中社会资本与学校辍学率关系的实证研究证明了这一点;[①] 而那哈皮特(Nahapiet)和格萨尔(Ghoshal,1998)的研究认为智力资本(Intellectual Capital)产生于两类过程:知识组合(Combination)和交换(Exchange)[②],而大量文献回顾也表明,社会资本能够促进知识交换,并通过知识交换影响组合,在社会资本的公认的三个维度中,尤其认知维度直接影响到个体通过组合知识来创造智力资本的能力。近年来,社会资本对个体具体知识、能力、技能变量的影响也得到了众多实证研究的支持(Perry-Smith and Shalley,2003;Perry-Smith,2006;Zhou et al.,2009;Baer,2010;Björk et al.,2011)。完善之后的科技人力资本理论模型详见图3-2。

[①] J.S.Coleman,"Social Capital in the Creation of Human Capital",*American Journal of Sociology*,Vol.94,1988,pp.S95-S120.

[②] J.Nahapiet and S.Ghoshal,"Social Capital,Intellectual Capital,and the Organizational Advantage",*Academy of Management Review*,Vol.23,No.2,1998,pp.242-266.

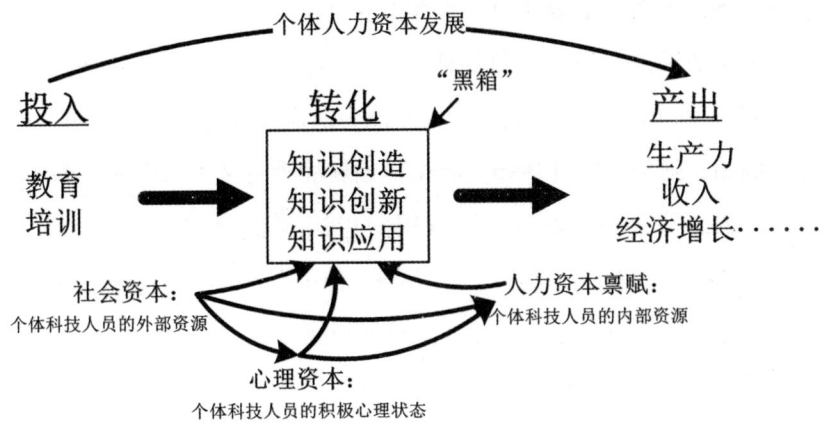

图 3-2 科技人力资本理论的补充、修正模型

(三) 科技人力资本的内部构成要素分析

1. 个体创新能力

在理论研究层面,当前人力资本研究的重心已发生转移。传统的人力资本实证研究中,由于人力资本难以被直接测量,因此,研究多采用间接测量的方式(例如测量受教育年限),这在很大程度上不符合人力资本是终身发展的事实,因此这种间接测量局限性较大。从当前研究趋势来看,为了更为准确地衡量个体的人力资本水平,实证研究开始将个体的技能、能力等变量作为对人力资本的直接测量,这种转移为人力资本的研究开辟了新的路径。因此,本研究将科技人力资本中的个体人力资本禀赋落脚于科技人员的个体创新能力。个体创新能力的研究也是当前微观组织行为研究领域的一个热点,但是事实上,学界对于创新能力的研究历史并不长,早期研究发端于上个世纪 80 年代阿马比尔(Amabile)等学者对于创新能力的社会心理学研究。周(Zhou)和乔治(George, 2003)认为新颖性(Novelty)和有用性(Usefulness)是判断个体的想法或解决方案

是否具备创新性的必要条件,如果只考虑新颖性是不够的,因为新颖的想法如果没有潜在价值的话,它只能被看作是与众不同的,而不是创新。[1] 因此很多研究者对创新能力的定义往往聚焦于这两个特征,例如,阿马比尔(1996)将个体创新能力定义为与产品、服务、流程、方法等有关的新颖的、有用的想法,[2] 卡明斯(Cummings)和奥尔德姆(Oldham, 1997)认为当个体能够创造新颖并有用的产品、服务和方法时,这个个体就是有创新能力的。[3]

很多学者也明确指出想法的产生只是创新过程的一个阶段而已,创新是众多社会因素相互作用的多阶段过程,因此,创新能力体现在三个阶段:其一,对问题的识别并产生新颖和有用的想法或方案;其二,具备创新能力的个体会寻求支持;其三,具备创新能力的个体通过创造一个能够被体验到的"创新原型或模型",并使其被扩散、大批量生产,进而被大量使用或成为惯例,从而完成创新想法(Scott and Bruce, 1994)。克莱森(Kleysen)和斯特雷特(Street, 2001)通过对28篇文献中涉及的289种创新活动进行了总结归纳,认为个体创新能力表现在5个阶段:阶段一:探寻机遇(Opportunity Exploration),是指通过不断地探索以学习和发现更多的创新机会的能力;阶段二:生成想法(Generativity),是指为了满足使得组织、成员、产品、流程和服务不断"成长"的目的而产生有益的改变的能力;阶段三:形成调查(Formative Investigation),是指将想法、

---

[1] J.Zhou and J.M.George, "Awakening Employee Creativity: The Role of Leader Emotional Intelligence", *The Leadership Quarterly*, Vol.14, No.4, 2003, pp.545-568.

[2] T.M.Amabile, *Creativity in Context: Update to "the Social Psychology of Creativity"*, Boulder: Westview Press, 1996.

[3] A.Cummings and G.R.Oldham, "Enhancing Creativity: Managing Work Contexts for the High Potential Employee", *California Management Review*, Vol.40, No.1, 1997, pp.22-38.

方案、建议等具体化,并通过调查对它们进行检验的能力;阶段四:拥护(Championing),由涉及创新过程的社会政治行为构成,它对于实现想法、方案和创新的潜力是必要的;阶段五:应用(Application),是指个体能够使得创新成为工作的一个常规部分,包括执行、修改、常规化等。① 我国一些学者检验了在中国情境下克莱森和斯特雷特五阶段观点的普适性,结果一致认为在中国情境下,个体的创新能力可以归纳为两个方面:产生创新构想的能力和执行创新构想的能力(卢小君、张国梁,2008;顾远东、彭纪生,2010)。参考顾远东和彭纪生(2010)的研究,创新能力可以定义为:在工作过程中,产生创新构想或问题解决方案,并努力将之付诸实践的能力,包括产生和执行创新构想两个阶段的各种创新能力表现,其中,产生创新构想的能力是指个体为了组织的产品、技术、工作流程以及服务的提升广泛地探寻机会,针对这些机会生成构想或方案,并对它们的可行性进行检验等的能力表现;执行创新构想的能力是指个体为了实现创新构想,积极调动资源、说服及影响他人支持创新、敢于挑战与冒险,以及通过个人努力使创新常规化并成为日常工作的一个部分等能力表现。②

目前在学界对于个体创新能力的研究中最具影响力的理论模型有两个,一个是阿马比尔(1983,1988)提出的创新能力成分理论

---

① R.F.Kleysen and C.T.Street,"Toward a Multi-Dimensional Measure of Individual Innovative Behavior", *Journal of Intellectual Capital*, Vol.2, No.3, 2001, pp.284-296.

② 顾远东、彭纪生:《组织创新氛围对员工创新行为的影响:创新自我效能感的中介作用》,载《南开管理评论》,2010年第1期。

模型（Componential Model of Creativity），[1][2] 另一个是伍德曼（Woodman）等人（1993）提出的创新能力交互作用模型（Interactional Model of Creativity）。[3] 两个模型之间存在相似之处，也有不同的地方，研究者们往往将这两个模型看作是互补的，并且为个体创新能力研究领域塑造了固定的分析框架。两个模型除了关注个体特征之外，还讨论了外在环境或组织情景对于个体创新能力的影响，描绘了各种潜在相关的环境变量对于个体创新能力的促进抑或阻碍作用。下文将对两个重要理论模型进行简要概述和讨论。

学界对于创新能力的研究最初源于社会心理学领域，研究者们也不断提出各种各样的理论模型来解释个体内外部因素对于创新能力的影响，但由美国心理学家阿马比尔提出的创新能力成分理论应当是最早的综合性理论之一。自提出以后，阿马比尔（1996）对该理论进行了验证、完善。简单来说，成分理论认为个体创新能力受三个个体层面成分和一个个体外部成分的影响，这四个成分分别是：成分一：与领域相关的技能（Domain-Relevant Skills）。是指某一特定领域内的事实性知识和专门技术（Factual Knowledge and Expertise），这些技能和知识成为了贯穿个体创新始终都可以使用的原材料。阿马比尔认为与领域相关的技能与正式或非正式教育、个体感知能力、认知能力以及运动能力密切有关。成分二：与创造性相关的过程（Creativity-Relevant Processes）。起初被称为与创造性相

---

[1] T.M.Amabile,"The Social Psychology of Creativity: A Componential Conceptualization", *Journal of Personality and Social Psychology*, Vol.45, No.2, 1983, pp.357-376.

[2] T.M.Amabile, "A Model of Creativity and Innovation in Organizations", *Research in Organizational Behavior*, Vol.10, No.1, 1988, pp.123-167.

[3] R.W.Woodman, J.E.Sawyer and R.W.Griffin, "Toward a Theory of Organizational Creativity", *Academy of Management Review*, Vol.18, No.2, 1993, pp.293-321.

关的技能（Creativity-Relevant Skills），包括了与创造性构想生成的恰当策略、认知类型和工作类型有关的显性或默会知识（Explicit or Tacit Knowledge）。阿马比尔推断创新技能和策略的训练、创造性活动体验以及具备某些特定的人格特征对于与创造性相关的过程存在正向影响作用，研究者们通过对创造性问题解决能力的训练的实证研究证明了这一推断（Basadur et al., 1990）。成分三：任务动机（Task Motivation）。包括个体对于具体任务的态度以及个体对于其从事该任务时对自身动机的感知，任务动机分为内部动机和外部动机，Amabile 认为内部动机是指源自于个体对于任务性质的积极反应（Positive Reaction），而外部动机是指源自于任务以外的任何动机，内部动机比外部动机更为关键，尤其在发现和界定问题阶段和提出创造性构想或方案阶段。成分四：社会环境（Social Environment）。包括了环境中一系列能够阻碍或激发内在动机和创新能力的因素，对于组织环境的研究揭示了一系列这样的因素，例如严厉批判创新构想的组织规范，时间压力等负面因素，以及开展工作的自由程度，上级对于新构想的支持程度等正面因素。

任务动机是成分理论模型中最为显著的成分：其一，具有创新潜质的个体（如具备了足够的与领域相关的技能）不一定能够产生创造性构想，此外，具备创新潜质的个体还需要具备以一种强烈和执着的态度参与到创新活动中的意愿；其二，该成分为研究者可以通过促进或抑制特定的内部动机来识别那些能够强化或削弱创新能力的情景因素。

伍德曼等人（1993）所提出的交互作用模型提供了一个探讨个体创新能力差异的综合视角，它吸收了人格心理学、认知心理学和社会心理学对于创新能力研究的重要元素，该理论的前提假设是：创新能力是一个个体层面现象，它受到个体禀赋和环境变量的影响，换句话说，个人禀赋和外在环境变量之间的交互作用能更全面地预测个体的创新能力，而这种交互作用也受到过往事件以及当前状况中的突出方面的影响，在个体内部，心理的认知因素（知识、认知技能、认知类型偏好）与非认知因素（人格特质）都与创新能力密切有关。因此，个体创新能力是先行条件（Antecedent Conditions）、认知类型和能力（Cognitive Style and Ability）、人格因素（Personality Factors）、社会影响（Social Influences）、环境影响（Contextual Influences）不断互动的结果。

先行条件，例如过去的强化历史、社会人口学变量等都会影响到个体的人格和认知特征，并且在一定程度上能够决定个体当前如何认识自己，它是创新能力产生的前提条件；人格特征，例如自尊、毅力、好奇心、活力、心智成熟性、内外控等对于创新能力有重要影响，而认知风格和能力，例如发散思维、场依赖性、联想流畅性等对于创新能力都有正向的影响作用，人格特征、认知风格和能力构成了影响个体创新能力的重要内在因素；社会影响（例如社会促进、社会奖励）和环境影响（例如物理环境、任务和时间限制）构成了影响个体创新能力的外在情景因素，对于创新过程塑造上的不同会导致个体创新能力的差异，但最可能塑造个体适应能力的环境与最可能塑造个体创新能力的环境是不一样的，此外，任何创新能力的特点都可以通过环境和社会因素的促进或抑制作用来进行描述（Woodman，1990）。

阿马比尔等人提出的创新能力成分理论和伍德曼等人提出的交互作用理论都非常强调情景因素对于个体创新能力的影响作用，但后者基于互动心理学（Interactional Psychology）的视角，更为明确地指出个体与其外在情景之间的互动对于创新能力影响的重要意义。

无论在国内还是国外研究生教育中，创新能力一直都是研究生，尤其是研究生培养层次的重要培养目标及研究生人才质量的重要衡量标准。文献回顾表明，国内大量学者，尤其是教育学领域的研究者们围绕着研究生创新能力开展了大量研究，很多学者根据研究生所处的特定情景，对研究生创新能力及其构成进行了一系列界定，如董泽芳（2009）认为博士生创新能力是指博士研究生为了适应社会进步、知识创新与自我发展的需要，在导师的指导下，充分利用、开发已有的知识、技能和内外条件，创造出具有价值的思想、观点、方法、理论、技术、工艺和产品等新颖成果的综合性能力；[1] 吕红艳（2013）认为博士研究生创新能力主要指博士研究生通过长期的知识积累与能力发展，能够产生新颖而有社会价值的学术产品、服务、过程、程序等的能力。[2] 进入新世纪以来，随着研究者们对研究生创新能力研究的日益关注，对于研究生创新能力的界定也不断增多，整体来看，很多研究将个体创新能力的经典定义与研究生群体所处的具体情境相结合以界定研究生创新能力。

研究者在解决了研究生创新能力"是什么？"的问题之后，便需要回答"如何评价？"的问题，因此当前研究中大量文献关注研究生创新能力的评价指标、测量方式等研究问题，尤其近些年来，这类研究趋向于更加规范、客观和科学。例如，陈新忠等人（2010）厘清了"评什么"、"谁来评"和"怎样评"这三个研究生创新能力评

---

[1] 董泽芳：《博士生创新能力的提高与培养模式改革》，载《高等教育研究》，2009年第5期。

[2] 吕红艳：《博士研究生创新能力内涵及提升路径》，载《江苏高教》，2013年第5期。

价的基本问题;① 董泽芳根据研究生创新能力的操作性定义,将其细化为 20 个具体的评价指标,最终提取出 12 个在验证性因子分析中载荷较高的指标。由于研究生个体自身及其所处环境的特殊性,因此,影响研究生创新能力的内外部因素也有其特殊性。近年来,为数不多的一些研究者通过实证研究检验了一些研究生个体内在因素(例如近年来文献中关注的研究机会、科研实践、进取心等;郑路鸿、陈成文,2008;李祖超、张丽,2014;张雁冰等,2014),以及学术环境因素(例如导师因素、课程、科研团队氛围等;姜友芬等,2006;杨晓明、冯茜,2014)对于研究生创新能力的影响。

2. 社会资本

"社会资本"这一术语一开始出现在社会学和政治科学领域的研究中,最先由哈尼芬(Hanifan)在关于农村学校社区中心的一个研究中使用。在之后的研究中,社会资本概念被广泛应用于解释一系列的社会现象,例如人力资本的开发,企业、地区和国家的经济绩效等(Nahapiet and Ghoshal,1998)。就目前来看,对社会资本的研究已出现在众多学科领域当中,如社会学、政治科学、心理学、教育学、管理学、组织行为学、经济学等。

社会资本一般被用来描述嵌入在人际连接中的关系资源,它对于个人在社会组织中的发展具有重要意义,学界对于社会资本概念有两种认识,一种是把它看作是嵌入在社会关系中的社会资源,例如博特(2009)将社会资本定义为,"朋友、同事和更一般的社会接

---

① 陈新忠、李忠云、胡瑞:《研究生创新能力评价的三个基本问题》,载《学位与研究生教育》,2010 年第 1 期。

触,通过他们你可以有机会使用你的经济和人力资本"①。另一种观点认为它不仅仅包含了社会关系,还包括了与社会关系相关联的规则和价值取向(Tsai and Ghoshal,1998),例如伍尔科克(Woolcock,1998)将社会资本定义为,"某人社会网络中固有的互惠性信息、信任和规则"②。阿德勒(Adler)和权(Kwon,2002)总结分析了当前文献中出现的20种社会资本定义,发现这些定义要么强调行动者与其他行动者之间所保持的关系,要么强调一个社群中的行动者之间的关系结构,要么强调社会连接和关系,要么强调社会连接的特征以及所呈现出的价值。③尽管大多数的学者都较为一致地认为社会资本理论最主要的假设就是:社会网络和社会关系对于人们的社会行为是一个重要资源,但是学界一直以来都未对社会资本概念形成一个准确且被普遍接受的定义,因此,帕特南(Putnam,2001)认为这可能恰恰说明了社会资本不是一个单维度概念。④ 帕特南的观点得到了那哈皮特和格萨尔(1998)的支持和进一步发展,他们认为,"社会资本是嵌入在个人或社会组织所拥有的关系网络中,通过关系网络可获得的,来自于关系网络的实际或潜在资源的总和",并将社会资本划分为三个维度:结构维度、关系维

---

① R.S.Burt, *Structural Holes: The Social Structure of Competition*, Cambridge, Massachusetts: Harvard University Press, 2009.

② M.Woolcock, "Social Capital and Economic Development: Toward a Theoretical Synthesis and Policy Framework", *Theory and Society*, Vol.27, No.2, 1998, pp.151-208.

③ P.S.Adler and S.W.Kwon, "Social Capital: Prospects for a New Concept", *Academy of Management Review*, Vol.27, No.1, 2002, pp.17-40.

④ R.D.Putnam, *Bowling Alone: The Collapse and Revival of American Community*, New York, NY: Simon and Schuster, 2001.

度和认知维度①。那哈皮特和格萨尔对于社会资本的界定和维度划分促进了管理学领域对于社会资本的概念化和可测量化。

帕特南(2001)将社会资本划分为社会的组织(Organization of Society)、社会行动的公民参与(Citizen's Involvement in Society Actions)、志愿行动(Voluntary Actions)、非正式交往(Informal Socializing)和社会信任(Social Trust)。纳拉扬(Narayan)和卡西迪(Cassidy,2001)提出了另外一个概念模型及相应的测量方法,他们将社会资本区分为群体特征(Group Characteristics)、一般规范(Generalized Norms)、团结一致(Togetherness)、日常交际(Everyday Sociability)、街坊关系(Neighborhood Connections)、志愿服务(Volunteerism)和信任(Trust)。②阿德勒和权(2002)在对社会资本的整合性综述研究中提出了一个概念模型,在该模型中,社会资本源自于社会关系并存在于社会网络连接的结构当中,网络结构特征可以是闭合的或是结构洞,而网络连接是那些共同的规范、信念和能力。社会关系提供了创造社会资本的机会、动机和能力。

相较上述三种社会资本分析框架而言,那哈皮特和格萨尔(1998)在研究社会资本对于创造智力资本的影响的研究中提出的社会资本三因素模型得到更普遍的认可和更广泛的应用。该模型建立在布迪厄"关系网络是一种可使用的资源"理念、Granovetter 的弱连接(Weak Ties)概念以及博特的社会地位(Social Status)概念的基础之上。他们将社会资本划分为结构维度、关系维度和认知维度。

---

① J.Nahapiet and S.Ghoshal,"Social Capital,Intellectual Capital,and the Organizational Advantage",*Academy of Management Review*,Vol.23,No.2,1998,pp.242-266.

② D.Narayan and M. F. Cassidy,"A Dimensional Approach to Measuring Social Capital:Development and Validation of a Social Capital Inventory",*Current Sociology*,Vol.49,No.2,2001,pp.59-102.

每个维度都包括了一系列的特征。

结构维度。该维度涉及社会资本的关系网络，其特征包括网络连接和网络构造，网络连接表示了两个节点间的互动关系，可以是朋友关系、生意关系或者其他社会关系。网络连接也可以表示关系所依赖的媒介，如面对面、电话、电子邮件等。按照那哈皮特和格萨尔的观点，它可以被表述为，"行动者之间连接的整体模式或者你可以接触到谁？怎样接触？"

关系维度。涉及蕴含于关系当中的价值，例如信任、信用、认可、规范、期望、规则、身份和认同等。该维度是指那些"通过关系产生或改变的价值以及关系史"。

认知维度。该维度反映了一种共同的理解，由共同的语言、叙事方式等构成，是指"能够提供成员间共同表述、解释、意义系统的资源"。在上述三个维度中，认知维度在当前研究文献中最少被涉及，但是它对于知识共享和转移情景却非常关键。此外，尽管在实证研究中，三个维度往往被分开讨论，但三者之间存在高度的相关性。

在研究生教育研究领域对社会资本的探讨较少，在国内研究中，大约从2000年开始，学者们才开始展开对研究生社会资本的研究。但是大量研究主要关注社会资本与研究生求职、就业等的关系，这些研究对社会资本缺乏一致的界定、测量，例如有学者基于科曼的理论，将社会资本作为一种资源来对研究生社会资本进行界定（张庆玲等，2007），近年来，国内学者们基于社会资本研究的最新进展，更加注重于对研究生社会资本进行可操作化定义（张雁冰等，2014）。对于研究生社会资本的具体内容，有学者将生源地、家庭收入、父母职位以及导师的社会资源等作为研究生的社会资本，进而考察其对就业状况的影响（王颖，2013）；也有学者遵循了当前社会资本研究领域比较认可的三因素模型。尽管目前研究生社会资本的研究还较为匮乏,但是已有研究对于后续实证研究的开展仍具有较好的借鉴意义。

3. 心理资本

进入新世纪以来,组织行为研究领域开始强调个体在具体的工作环境中有能力强化自身的优势和幸福感(Cameron and Caza, 2004)。塞里格曼(Seligman)和契克森米哈(Csikszentmihalyi, 2000)指出"主流的理论观点已不再将个体看作是对'刺激'做出反应的被动'容器',而是被看作有选择、偏好的决策者,他们可以是有掌控力和高效的,或者在艰难环境中也可能是无助和绝望的"。在这些观念的发展过程中,心理资本作为一种积极取向的高阶概念结构(Higher-Order Construct)应运而生,它被定义为:"个体发展的积极心理状态(Positive Psychological State),它是个体基于积极努力和不屈不挠的精神,对环境和成功可能性的积极评价"①。自提出以来,学者们对心理资本进行了大量的理论探讨和实证研究,心理资本被发现与工作绩效、满意度(Abbas et al., 2014; Luthans et al., 2007)、离职意向(Turnover Intentions, Avey et al., 2010)、犬儒主义(Cynicism, Avey et al., 2008)、创新能力(Luthans et al., 2011; Rego et al., 2012; Sweetman et al., 2011)存在密切关系。

心理资本概念的提出者路桑斯及其合作者认为心理资本超越了传统的人力资本和社会资本,它所表达的涵义是"你是谁?或者你将成为谁?"而非"你知道什么?(人力资本)"和"你认识谁?(社会资本)"具体而言,他们将心理资本划分为四种积极心理能

---

① M.E.P.Seligman and M.Csikszentmihalyi, "Positive Psychology: An Introduction", *The American Psychologist*, Vol.55, No.1, 2000, pp.5-14.

力，分别是：自我效能（Self-Efficacy）、希望（Hope）、乐观（Optimism）和韧性（Resilience）。这四个心理资本维度来源于近年来兴起的积极心理学和积极组织行为学的研究，这些心理能力是可测量、可发展提升的，并且是可以通过有效管理来提高工作绩效的。

自我效能或自信，斯塔科维克和路桑斯（1998）将其定义为，"个体在特定情境中，对于调动那些有助于成功执行特定任务的认知资源（Cognitive Resources）、动力（Motivation）、行动方案（Courses of Action）的信念"[1]。自我效能的研究源于著名心理学家班杜拉的重要理论和研究，作为一种积极心理能力，自我效能已经不断被证明和个体工作绩效具有正向强相关，此外，班杜拉和其他研究者也通过研究和实地检验清晰地展示了自我效能是可以培养和发展提升的。

希望，尽管学界对于希望的研究和理论探讨不如自我效能那么广泛和深入，但是希望对于积极心理资本理论却非常重要。斯奈德（Snyder）和福赛斯（Forsyth，1991）将其准确地定义为："为获得成功，执着于目标并能够在必要的时候对目标进行重新定位"[2]。从表面来看，希望与其他的积极心理能力很相似，但理论和实证研究证明了其独立性和区分效度。此外，研究者也证明了希望对于学术绩效、运动绩效和工作绩效的积极影响（Peterson and Luthans，2003）。

乐观，根据塞里格曼对乐观的理论和实证研究，乐观与其他的维度相比起来，与整体积极心理之间的关系更密切。与希望维度一

---

[1] A.D.Stajkovic and F.Luthans, "Self-Efficacy and Work-Related Performance: A Meta-Analysis", *Psychological Bulletin*, Vol.124, No.2, 1998, p.240.

[2] C.R.Snyder and D.R.Forsyth, *Handbook of Social and Clinical Psychology: The Health Perspective*, Elmsford, NY: Pergamon Press, 1991.

样，乐观是一个经常被使用的术语，塞里格曼对乐观的定义参考了归因理论（Attribution Theory）中个体对于（好的或坏的）事件解释风格（Explanatory Style），具体而言，乐观的个体倾向于将坏的事件理解为仅仅是暂时性的（例如，我很疲惫），而悲观者则将坏的事情解释为持久的（例如，我彻底完蛋了）。相反，对于好的事件，乐观者倾向于解释为持久的（例如，我是天才），而悲观主义者则理解为临时性的（例如，我对这个事情非常努力）。对于乐观者而言，会倾向于做具体的归因（例如，我对这个计算机程序不了解），而悲观者则做泛泛的归因（例如，我是个电脑盲）。

在组织行为学研究中，韧性并未得到足够的重视，而这个表示在逆境中"卷土重来（Bounce Back）"的积极心理能力维度在工作环境中却非常重要。首先，韧性对于很多人来说是非常匮乏的，但是它对于促进个体的和社会的竞争力、人力资本却具有深远意义，根据库都（Coutu，2002）的观点，具有坚韧性的个体被认为是能够坚定地接受现实，常常被坚定持有价值观、生活理念所支持，并能够适应剧烈的变动。[①]

由于心理资本是一个比较新的研究领域，因此，对于研究生心理资本的研究较为有限。尽管如此，学者们也开始探讨心理资本的现状、培养及其对研究生学习、就业等方面的重要意义。例如在为数不多的文献中，魏婧和魏荣（2015）的研究发现心理资本与研究生学习、科研绩效存在重要关系，并提出了培育研究生心理资本的切实办法；[②] 也有学者通过严谨的实证研究对心理资本与研究生就业

[①] D.L.Coutu,"How Resilience Works", *Harvard Business Review*, Vol.80, No.5, 2002, pp.46-56.

[②] 魏婧、魏荣：《论研究生的心理资本及其培育》，载《学位与研究生教育》，2015年第3期。

取向的关系，以及这种关系中的中介变量进行了分析（邓丽芳等，2013）。刘丹等人（2015）分析了心理资本对于研究生创新绩效的效应，这对于本研究中探讨心理资本对于研究生创新能力的关系具有较好的启示作用。[①]

（四）科技人力资本发展的外部组织条件

1. 组织间合作的邻近性

邻近性（Proximity），在国内一些研究中也被称为接近性，它源于国外区域科学、组织科学、创新研究等领域，它被认为是组织间合作、区域经济发展、创新等的重要影响因素。在早期的研究中，研究中出现的邻近性一般是指地理邻近性（Geographical Proximity），但随着科学技术的迅速发展，组织间合作内涵的扩大，社会经济环境的变化以及对邻近性的研究的持续深入，学者们注意到邻近性是一个多维度概念。

在20世纪90年代，法国邻近动力学派（French School of Proximity Dynamics）的学者们，例如托雷（Torre）和吉利（Gilly, 2000）通过一系列研究最先提出，除地理邻近性之外，邻近性还包括了其他多个维度，例如组织和制度邻近性。[②] 著名经济地理学家博斯玛（Boschma, 2005）的研究指出邻近性可以被划分为五类，分别是地理邻近性、社会邻近性、认知邻近性、制度邻近性和组织邻近性。在之后荷兰组织研究学者克罗本（Knoben）和奥勒曼斯（Oer-

---

[①] 刘丹、王飞、王宗霞：《研究生创新绩效的影响因素分析及提升路径研究》，载《科学管理研究》，2015年第4期。

[②] A. Torre and J. P. Gilly, "On the Analytical Dimension of Proximity Dynamics", *Regional Studies*, Vol.34, No.2, 2000, pp.169–180.

lemans,2006）在针对"邻近性和组织合作"关系的综述性文章中指出，当前对于多维邻近性的研究存在很多问题，尤其是一些邻近性维度之间存在重叠之处，同一邻近性维度存在不同的定义，基于这些问题，他们将组织间合作研究领域的学者们所提出的各种邻近性类型进行了整合，其中，社会邻近性、认知邻近性、制度邻近性被归类为组织邻近性（Organizational Proximity）。①而在萨利米等人（2014）针对产学联合培养博士生项目的研究中对上述划分进行了取舍，一方面，他们认为高校与企业参与合作的动机不同导致校企合作的一大特点就是存在"制度距离（Institutional Distance）"而非制度邻近，如果是高校（企业）之间的合作或者高校（企业）内部的合作，则以制度邻近为特点，因为这些合作内部的行动者有着类似的动机；另一方面，他们认为组织邻近性主要是指合作者处于同一个管理层次关系中的程度（如一个公司的两个子公司之间的合作），而他们的研究中所涉及的高校和企业由于属于不同的组织，存在着绝对的"组织距离（Organizational Distance）"，而非组织邻近，因此，萨利米等人将关注点放在地理邻近、认知邻近和社会邻近三个维度上。②

本研究中所涉及的合作主体是高校与工程院所，但我国工程院所与一般意义上的科研院所有着相似之处，也有许多独特的地方。首先，大多数工程科研院所由科研事业单位转制为科技型企业，具备了产业界的性质；其次，在我国，一直以来，工程科研院所是除

---

① J. Knoben and L. A. G. Oerlemans, "Proximity and Inter‑Organizational Collaboration:A Literature Review", *International Journal of Management Reviews*, Vol.8, No.2,2006,pp.71-89.

② N.Salimi, R.Bekkers and K.Frenken, "Governance Mode Choice in Collaborative Ph.D.Projects", *The Journal of Technology Transfer*, Vol.40, No.5,2014,pp.1-19.

高校之外的重要研究生培养基地,具备着优异的研究生培养环境和条件,突出体现在其充足的纵横向科研课题、设备设施以及产学研一体化的培养氛围,恢复研究生教育以来,工程院所为国家经济、社会建设输送了大量高层次专门人才,科研院所也具备组织科学研究、学术和科研人才培养的组织性质。人才培养和科学研究有着其固有的组织规律,有一些共性的规则、价值取向和内在动机,从工程院所的双重性质来看,它们与高校是存在着制度邻近的。基于我国当前工程院所的"双重"性质以及联合培养作为一种特殊的人才培养合作形式,综合博斯玛(2005)、克罗本和奥勒曼斯(2006)、萨利米等人(2014)的观点和视角,本研究认为不仅仅要考量高校与工程院所之间的地理邻近、社会邻近和认知邻近,还应当考虑双方的制度邻近,尤其是体现在科研和人才培养方面的制度邻近。按照托雷和吉利(2000)的观点,本研究将邻近性分为两个一级维度,分别是地理邻近和组织邻近,而组织邻近由社会邻近、认知邻近和制度邻近三个二级维度构成(详见图3-3)。

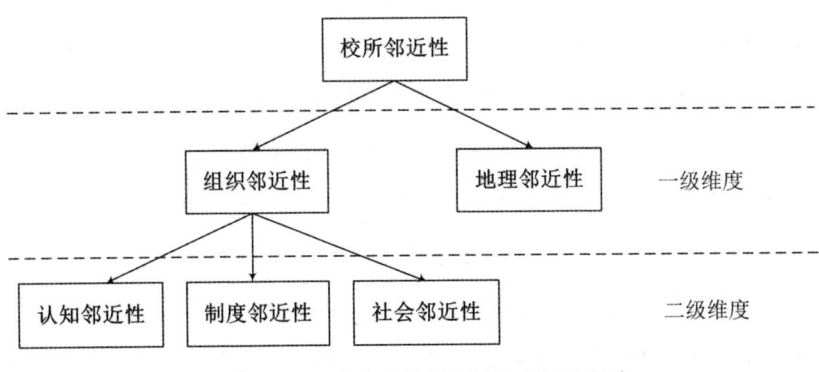

图3-3 校所联培项目所涉及的邻近性维度

资料来源:根据Torre and Gilly(2000)的研究整理而成。

地理邻近性（Geographical Proximity），是文献中出现频率最高的一个维度，对于它的定义，研究者们分歧较少，地理邻近性一般是指物理空间上的距离，即主体间要素传播和运输需要面对的物理距离，在组织合作层面，地理邻近性被定义为合作主体之间不用付出高昂代价便能够保持日常的面对面关系的程度。地理邻近性在合作中的重要性体现在，较小的地理距离能够有效促进合作双方面对面的（计划好的或偶然的）互动，以此促进知识、技术的转移和创新，而较大的地理距离将使得默会知识（Tacit Knowledge）的转移变得困难，甚至也会影响到编码知识（Codified Knowledge）的转移（Bouba-Olga et al.，2012）。在教育过程中，面对面的言传身教显得格外重要，在校所项目中，如果高校与工程院所之间的地理距离过远，双方导师、师生之间的互动、沟通交流将会耗费更多的时间和资源，反过来说，如果校所双方毗邻，上述活动将会更加容易，所耗费的时间、精力、资源等也相对较少，双方更易于形成实质性的合作模式。①

组织邻近性（Organizational Proximity），反映了合作方之间组织特征的相似性，是指合作组织之间在一系列行为（内隐的或外显的）规则、价值取向、信念、知识基础等方面的相似性（Torre and Rallet，2005），组织邻近性在组织合作中的重要性表现为，当合作伙伴之间存在着相似的组织情景时，它们的合作将更有效并产生好的结果，因为这种相似性能够促进相互理解，这样一来，组织邻近能够产生一种整合各合作方信息和知识、转移各方默会知识的能力（Burmeister and Colletis-Wahl，1997），因此，也有研究者将组织邻近性看作是组织间集体学习（Collective Learning）、共同创造资源、

---

① 李琳、郑刚、杨军：《我国产学研合作创新中的地理邻近效应——基于产学研合作创新优秀案例的统计分析》，载《工业技术经济》，2012年第9期。

共同创新的先决条件（Kirat and Lung，1999）。组织邻近包括如下具体维度：

（1）社会邻近性（Social Proximity），在一些研究中也被称为人际邻近性（Personal Proximity）或者关系邻近性，虽然在不同的研究中有不同的名称，但是研究者们对于社会邻近性的定义大同小异，都比较强调合作双方的关系紧密性，例如奥勒曼斯和缪斯（Meeus，2005）将社会邻近定义为行动者们拥有共同的关系空间，[①] 博巴-奥尔加（Bouba-Olga）等人（2012）更直接地指出社会邻近就是指合作双方在之前是否有过合作经历。[②] 社会邻近性不仅仅能够协调双方的交易行为，与此同时它还是推动双方知识交换的"引擎"，因为它调动起双方的信任、亲密感、经验以及外部资源（Boschma，2005）。在校所联培过程中，校所双方，尤其是双方导师存在着前期的科研、人才培养等方面的合作经历，这将为联培工作奠定良好的基础，双方的合作也将更为顺畅（Salimi et al.，2014）。

（2）认知邻近性（Cognitive Proximity），该概念由诺特博姆（Nooteboom，2000）提出，它是指合作双方有着相同知识基础的程度，也有研究者将其定义为合作双方属于同一"实践社群（Community of Practice）"，这样双方可以就算存在很大的地理距离也可以有效交流。[③] 认知邻近性对于合作具有重要意义，因为缺乏共同的知识基础将会阻碍合作各方的有效交流和理解，也不利于信任

[①] L.Oerlemans and M.Meeus,"Do Organizational and Spatial Proximity Impact on Firm Performance?"*Regional Studies*,Vol.39,No.1,2005,pp.89-104.

[②] O.Bouba-Olga,M.Ferru and D.Pepin,"Exploring Spatial Features of Science-Industry Partnerships：A Study on French Data",*Papers in Regional Science*,Vol.91,No.2,2012,pp.355-375.

[③] B.Nooteboom,*Learning and Innovation in Organizations and Economies*,Oxford：Oxford University Press,2000.

关系的建立。具体到联合培养项目当中，如果双方导师有着相似的知识基础，将使得双方更容易地找到合作契合点，在博士生培养过程中，双方都能够提供更有效的指导，能够提供更多的资源，对于研究的目标、进展等能有更好的把握。

（3）制度邻近性（Institutional Proximity），研究者们认为，当合作组织之间在相同或相似的规范、价值取向和动机下运行时，它们就是制度邻近的。制度邻近性可以是正式制度的邻近，也可以是非正式制度的邻近，它们都会影响到具体的合作过程，制度邻近能够促进沟通，尤其是有利于那些期望通过合作共享或开发复杂知识的合作组织（Kirat and Lung，1999）。

2. 组织间合作的社会网络结构

随着知识生产模式的转变，政府、高校、企业、科研院所等机构间的互动日益频繁，博士生培养作为高校教育最高端，在很大程度上受到高校与其他机构间持续互动的影响，联合培养博士生便是这种影响的重要反映。在学术界关于高校与其他机构联合培养博士生的研究中，一方面，有学者指出联合培养项目对于构建和维持大学之间的网络连接至关重要，它降低了高校与其他机构在获取彼此异质性资源时的交易成本（Mora-Valentin et al.，2004）；另一方面，在联合培养项目内部，来自高校与其他机构的异质性资源的整合则依赖于博士生与其导师之间社会连接的搭建（Thune，2010）。联培项目在网络连接和资源获取方面的重要意义就涉及了一个重要概念：社会资本的构建。

社会资本是社会学界和管理学界的研究热点，对于社会资本真正意义上的研究始于 20 世纪 80 年代。那哈皮特和格萨尔（1998）将社会资本定义为，"嵌入在个人或社会组织所拥有的关系网络中，通过关系网络可获得的，来自于关系网络的实际或潜在资源的总和"。它暗含了这样一个隐喻：具体个人或组织在追求其利益时，社会结构是一种能够为他们创造竞争优势的资本类型。对于社会资本的来源，目前学界主要有两种观点。第一种观点是博特提出的结构洞（Structural Hole）理论，第二种观点是科尔曼的网络闭合（Network Closure）理论。结构洞就是指社会网络中某个或某些个体和有些个体之间存在着直接联系，但与其他个体不存在直接联系，无直接联系或关系间断的现象，从网络整体看好像网络结构中出现了洞穴（盛亚、范栋梁，2009）。博特认为结构洞是一种网络类型，社会资本就是处于竞争优势的"结构洞"。结构洞的存在并不意味着结构洞两边的个体不知道彼此的存在，而是意味着个体只关注于自己的行动并且不参与到对方的活动中去。结构洞是一个缓冲区，它类似于电路中的一个绝缘体，结构洞两边的个体分别传播着不同的信息流。因此，结构洞在不同人群的信息流动中起到了重要的中介作用，结构洞之所以能够产生社会资本在于它使得个体能具备两个方面的优势，一是信息优势，即结构洞可以区隔非冗余性的信息，因此资源是增加的，而非重叠的；二是控制优势，也就是第三方优势，它可以从作为中间人的位置上获取收益（尉建文，2008）。科尔曼则认为网络闭合是社会资本的来源，它对于网络中的个体同样具有两个重要作用，第一，它影响到个体对于信息的获取。"社会资本的一个重要形式就是嵌入于社会关系中的潜在信息……例如某人可以从朋友那儿得知某事情的重大进展，这比读报纸省时"，闭合性保障了信息质量和主体间的沟通；第二，网络闭合性促进了约束力（Sanctions）的产生，促进主体间的信任。科尔曼认为："闭合性的结果就是，一系列有效的约束和规范能够监督和引导行为，而开放的网络结构不容易产生信誉"。

博特对结构洞和网络闭合理论进行了整合和验证。博特认为，网络闭合强调的是群体内在凝聚力,而将开放网络作为社会资本来源的结构洞理论关注的是群体内个体与群体之外的联系,这两者不是对立或竞争的社会资本范式,它们应当是个体内外部社会资本获取的相互补充。一方面,开放网络范式以结构洞的分析为典范,如果联系超越了群体,就会增加群体及其成员的价值和收益;另一方面,当群体内部的资源是充分的且被用于群体或个体成员的获利时,封闭网络同样是有效的。由此可见,中介者跨越结构洞时是价值增加的源泉,封闭网络对于实现嵌入在结构洞中的价值是关键的因素,无论对于个体、群体还是组织而言,只要群体内部的个人网络是闭合的,而个体在群体外部的网络结构中处于结构洞的位置上,那么它的社会资本就是最大的,所产生的组织效果也将是最优的(尉建文,2008;Burt,2001;张文宏,2003)。

第四章 研究模型构建

基于上文对当前国内外高校与其他机构间联合培养研究生教育研究的回顾，以及对波茨曼等人提出的科技人力资本理论的修正和补充，我们将科技人力资本理论运用于联合培养博士生的研究中，认为联合培养博士生的科技人力资本，是其社会资本、心理资本以及人力资本禀赋三者之间互动的结果：按照科技人力资本理论的观点，博士生人力资本发展同样具有社会嵌入性的性质，即博士生人力资本的发展和形成并不是在真空中实现的，它不是一个孤立的过程，知识、理念的创造和转移需要凭借博士生与其学术、科研、实践网络中所搭建的各种社会连接来得以顺利实现，即社会资本是人才培养过程和知识交互过程中能够将博士生、校所双方导师、科研人员等连接起来的"黏合剂"，而心理资本是促进博士生在校所联合培养情景下发展个体人力资本的"催化剂"，这一内部关系同时受到外在环境，即组织间合作的影响。但是在校所合作过程中，博士生个体科技人力资本内部要素之间的关系是怎样的？组织合作条件、特征、程度等外部环境要素如何影响博士生社会资本的获取？下文将进一步分析博士生科技人力资本的内部关系模型和外在环境条件，并最终建构起校所联培博士生科技人力资本发展机制模型。

（一）校所联培博士生科技人力资本的发展机制模型

基于上文对波茨曼科技人力资本理论模型的拓展和完善，本研究认为，博士生科技人力资本是指凝结于博士生个体自身的科学技术知识、技能、能力，所建立的学术网络连接，以及在学习、科研过程中所表现出来的积极心理状态的总和。由于合作情景对科技人力资本发展的重要作用，我们可以认为高校与工程院所在博士生教育方面的联合是发展和提升博士生科技人力资本的重要方式。联合培养项目为博士生提供了与校所双方导师、学者、科研人员、朋辈人员，以及校所之外的其他利益相关者之间更为广泛的连结，通过所建立的学术、科研以及社会人际关系网络来获取和运用实际的或潜在的资源，进一步提升博士生自身的科学技术知识、专门技能，以及建构和规划科学研究、实践的能力，在这一过程中，博士生个体所表现出来的积极心理状态起到了至关重要的作用。总之，社会资本、心理资本、人力资本禀赋共同构成了联培博士生个体所拥有的可以客观测量、投资开发和有效管理的高层次人力资源（仲理峰，2007）。本研究将扩展和完善后的科技人力资本理论模型与创新能力理论相结合，将其运用于校所联培环境之中，提出了校所联培博士生的科技人力资本发展机制模型，它包括了如下内容：（1）博士生人力资本禀赋或科技专门技能，集中体现为其创新能力；（2）嵌入在博士生学术科研网络连接中的社会资本；（3）在学习、科研过程中由各种积极心理状态所构成的博士生心理资本；（4）校所合作为博士生科技人力资本的发展塑造了外在组织条件。

首先，与波茨曼等人的观点一致，本研究认为博士生的人力资本禀赋同样是由认知技能、实质性的科技知识以及与工作有关的技能所构成，并且博士生在校所联培环境中所表现出任何科学能力都可以被归类到上文中所提到的三种资源中的一种或几种。本研究对博士生人力资本禀赋的考量聚焦于博士生的创新能力，这主要是源自于两个方面的原因。其一，在现实教育实践层面，联培博士生创新能力的培养与提升是我国推出校所联培专项计划的根本目标。按照1980年颁布的《中华人民共和国学位条例》，博士生在理论、知识方面应当掌握坚实宽广的基础理论和系统深入的专门知识，在科研、工作能力方面应具有独立从事科学研究工作的能力[①]。作为高等教育的最高层次，博士阶段人才培养与本科、硕士阶段人才培养的最大区别在于创造性方面的规定，即专门指出了博士生应当在科学或专门技术上做出创造性的成果。教育部在《高等学校和科研机构开展联合培养博士研究生工作暂行办法》中更是明确指出了联合培养工作的根本目的在于提高高层次拔尖创新人才培养能力和科技创新能力。其二，在理论研究层面，当前人力资本研究的重心已发生转移。在传统的人力资本实证研究中，由于人力资本难以被直接测量，因此，研究多采用间接测量的方式（例如受教育年限），这在很大程度上不符合人力资本是终身发展的事实，局限性较大，有研究者甚至直接指出，传统人力资本研究只是将人力资本简化为其最基本的外壳，而非其实质。从目前的研究趋势来看，为了更为准确地衡量个体的人力资本水平，实证研究开始将个体的技能、能力等变量作为对人力资本的直接测量指标。得益于心理学、社会学等学科的快速发展及相应研究成果，新人力资本研究开始聚焦于人力资本的内核，即技能、能力、知识等（曹浩文、杜育红，2015），这种转移为人力资本的研究开辟了新的路径。基于上述原

---

① 《中华人民共和国学位条例》中，格外强调了被授予博士学位的研究生应当"在科学或专门技术上做出创造性的成果"。

因,本研究将博士生人力资本禀赋落脚于其创新能力。参考国内外学者对于创新能力的理论和实证研究,结合我国校所联培博士生教育的具体实践,本研究将联培博士生的创新能力定义为:联培博士生在学习、科研过程中,产生创新构想或问题解决方案,并努力将之付诸科研实践的能力,它包括产生和执行创新构想两个阶段的各种创新能力表现,其中,产生创新构想的能力是指博士生在校所联合的培养情境下,为了学术理论、科研和工程实践中的产品、技术、流程以及服务等的提升而广泛地探寻机会,针对这些机会生成构想或方案,并对它们的可行性进行检验等的能力表现;执行创新构想的能力是指联培博士生为了实现创新构想,积极调动来自高校、工程院所等的学习、科研资源,说服及影响所处学术和工程实践领域内的导师、同学、科研和工程技术人员等支持创新,敢于挑战与冒险,以及通过个人努力使创新常规化并成为日常学习、科研一个部分等能力表现。

其次,在高校与校外其他机构(如企业、科研院所等)的合作过程中,研究生,尤其是博士生在高校与这些组织机构的网络连接形成和维持中起到了关键的纽带作用(Schartinger et al.,2002)。一方面,在网络连接形成过程中,博士生的作用体现在其与导师间的社会连接上,以及在形成新的连结时,这种社会连接是如何处于网络中心的(Liebeskind,1996)。博士生带着他们之前的社会关系,尤其是与大学导师或同学之间的关系进入到校外组织机构中,这能够自然地扩大校外机构的社会网络。福克纳(Faulkner)和森葵(Senker)认为,博士生已有的社会连接将校外组织机构和一个更为广泛的人群网络联系起来从而使得新的社会网络连接的出现成为可能(Thune,2011)。另一方面,在高校与校外机构网络连接的维持过程中,博士生的作用被认为是用于加强社会连接的"易货协议

(Bartering Arrangements)"的必要部分(Schartinger et al., 2002)。高校与校外组织机构参与到数据、设备和学生的交换中,以促进或巩固它们之间的连接。网络连接同样被校外组织机构认为是获取未来人力资源的一个有效方式,因为他们相信大学导师倾向于将他们的学生送到与他们有联系的地方。联培博士生不仅仅是构建网络的一个渠道,同时也是院所确保与高校合作中保持信任的一种方式。格兰洛维特(1985)认为当大多数行为被嵌入到人际关系网络中之后,将能够产生信任,并阻止交换关系中的不作为。[①] 因此,当博士生成为跨界研究人员时,他们既有的网络连接就成为了重要的资产,它能够促进进一步的网络构建,并能够通过产生信赖与熟悉感来促进积极的交换进程(Thune, 2006)。在校所联培项目中,随着工程院所对培养各环节的介入以及博士生参与到院所科研项目或校所共同承担的科研项目中,博士生建立起与高校与院所双方导师、科研人员以及其他组织机构、人员之间的连接,而博士生与所处学术、科研环境的联结数量、强度变化影响到了获取实质性和潜在资源的可能性与多寡,这便形成了提升人力资本的重要个体网络条件。根据国内外学界对于社会资本的研究,结合我国校所联培博士生教育的具体实践,我们认为联培博士生的社会资本是指嵌入在博士生个人所拥有的学术科研关系网络中(尤其是与校所双方导师构成的关系网络),通过关系网络可获得的,来自于关系网络的实际或潜在学术、科研、实践资源的总和,本研究中同样将联培博士生的社会资本划分为三个维度:结构维度、关系维度和认知维度。其中,结构维度是指博士生与校所双方导师联系和接近性的程度;关系维度是

---

① M.Granovetter, "Economic Action and Social Structure: the Problem of Embeddedness", *American Journal of Sociology*, Vol.91, No.3, 1985, pp.481–510.

指博士生与校所双方导师在互动过程中建立起的信任程度；而认知维度则是指博士生与校所双方导师存在共同目标、对事物共同理解以及使用相同符号、语言等的程度。

第三，在校所联培项目中，博士生作为能动性主体，他们需要与校所双方导师、同学、研发人员等搭建学术、科研网络连接，处理复杂的跨界学术、实践、社会人际网络关系，获取源自于高校、院所甚至是校所以外的潜在的或实质性的学习、科研资源。但与传统博士生培养不同，校所联合培养项目在培养方式和组织方式上也发生了相应的变化，在跨组织边界的情境下，博士生们必须去面对不同的组织文化、氛围、目标，这些给博士生在一定程度上也带来了困惑和挑战，这就需要博士生们自信地做出应对（Avey et al.，2008）。通过前期调研也发现，一些联合培养项目为学生创造了良好的学习、科研环境，双方导师也对联培项目倾注了大量的精力和热情，师生之间也建立了良好的关系，然而，由于联合培养的博士生自身内在积极心理动力的缺失，如缺乏自信，对前景悲观，惰性较强等，这些学生很难真正投入到学术、科研以及工程实践的创新当中，往往以完成基本任务，早日拿到学位为主要目的。不难看出，校所联培所提供的外部条件，校所双方的学术、科研网络资源能否被调动起来，联培博士生的内在动力将起到关键作用。因此，我们可以认为联培博士生的内在积极心理状态将影响到嵌入在博士生学术科研网络连接中的社会资本及其与博士生个体创新能力的关系。另外，研究也不断表明，心理资本关系到博士生参与学习、科研项目以及实践等活动的具体态度和外显行为，进而影响到科学技术知识、能力等方面的储备与提升（Coutu，2002）。因此，可以通过促进积极情绪来影响博士生的人力资本禀赋的发展，即创新能力的培养与发展，换句话说，嵌入在博士生学术科研网络连接中的社会资本为博士生创新能力的发展创造了微观社会资源条件，而博士生的心理资本是影响其创新能力提升的重要个体内部因素。结合积极心理学和组织行为学领域的研究，在本研究中，我们认为联培博士生的心理资本是指博士生个体在校所联培环境下发展和建构起的积极心理状态，它是博士生基于积极努力和不屈不挠的精神，对联培学术、科研环境以及对成功可能性的积极评价。联培博士生的心理资本由四个维度构成，其中，联培博士生的自我效能是指其在一定的条件下执行特定学习、科研、实践任务时，对于自己能够激发动机、认知资源、采取行动最终获得成功的能力有着强烈的信心；希望是在联培博士生的学习、科研和实践过程中，由目标、精力和途径三个方面相互作用而形成的一种动机状态；韧性是指联培博士生在学习、科研和实践过程中面对重大的风险或困境时的积极应对或适应能力；而乐观是指联培博士生把学习、科研和实践过程中好的结果归因于内部、持久、普遍深入的原因，把坏的结果归因于外部、暂时和特定情景中的原因的积极解释风格。

第四，波茨曼等人指出科研人员科技人力资本的发展与提升的源泉不仅仅只有教育和培训，他们更加关注科研合作的重要作用，而校所联合培养博士生项目实质上不仅仅是高校与工程院所展开博士生培养的重要途径，而且也是机构间、人员间展开科学技术研究、工程实践等方面合作的重要形式。校所联培既是一种跨组织机构的合作形式，又是博士生培养的一种模式，它涵盖了博士生科技人力资本发展与提升的一系列重要投入要素：教育、培训与科研合作。因此，校所组织间的协同成为了博士生科技人力资本发展与提升的关键外部环境条件。在上文中，本研究对涉及组织间合作的邻近性、社会网络结构理论进行了阐述，高校与工程院所所构建的联培博士生项目可以在合作程度上进行区分，从邻近性理论的观点来看，高校与工程院所之间的合作程度上的不同又与机构之间的地理邻近性、组织邻近性等密切有关,而不同的合作程度决定了校所之间社会网络结构特征并进一步影响到联培博士生校所社会资本的构建与人力资本禀赋(创新能力)的提升。

综合上述分析,本研究认为,校所之间的邻近性创造了校所联合的组织条件,影响了校所联合培养模式,并进一步决定了校所在联合培养博士生各环节的合作程度,它们共同构成校所联培博士生科技人力资本发展的外部环境条件,而校所联培博士生社会资本、心理资本以及创新能力三者之间的互动则构成了校所联培博士生科技人力资本的内部关系模型,外部环境条件与内部关系模型进一步构成了校所联培博士生科技人力资本发展机制模型(详见图4-1)。

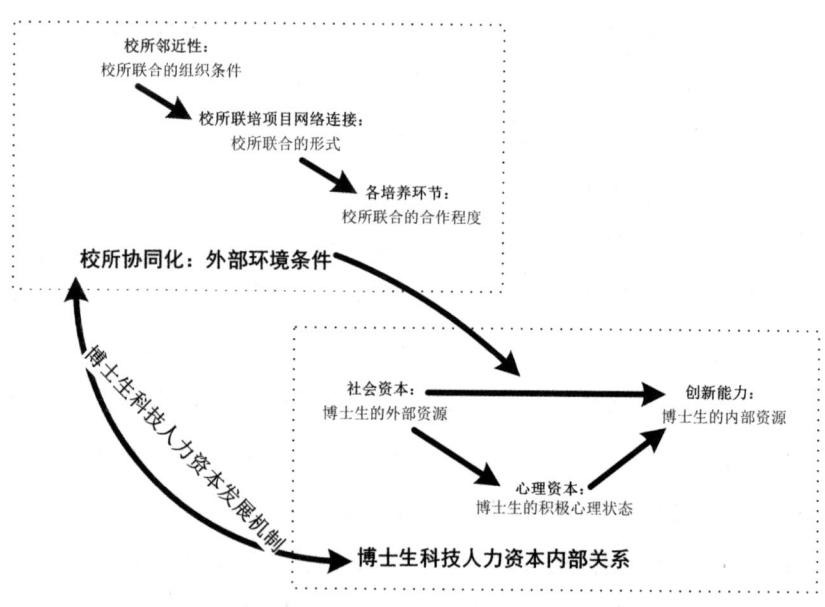

图4-1 校所联培博士生科技人力资本发展机制模型

(二) 研究假设

1. 邻近性、合作程度与联培博士生社会资本的关系

邻近性一直以来都被学者认为是高校与其他机构之间合作成效的重要预测变量（Mora-Valentin et al., 2004）。组织邻近性在组织合作中的重要性表现为，当合作伙伴之间存在着相似的组织情景时，它们的合作将更有效并产生好的结果，因为这种相似性能够促进相互理解，这样一来，组织邻近能够产生一种整合各合作方信息和知识、转移各方默会知识的能力（Kirat and Lung, 1999），因此，也有研究者将组织邻近性看作是组织间集体学习（Collective Learning）、共同创造资源、共同创新的先决条件。第一，社会邻近性不仅仅能够协调双方的交易行为，与此同时它还是推动双方知识交换的"引擎"，因为它调动起双方的信任、亲密感、经验以及外部资源。在校所联培过程中，校所双方，尤其是双方导师存在着前期的科研、人才培养等方面的合作经历，这将为联培工作奠定良好的基础，双方的合作也将更为顺畅。第二，认知邻近性对于合作具有重要意义，因为缺乏共同的知识基础将会阻碍合作各方的有效交流和理解，也不利于信任关系的建立。具体到联合培养项目当中，如果双方导师有着相似的知识基础，将使得双方更容易地找到合作契合点，在博士生培养过程中，双方都能够提供更有效的指导，能够提供更多的资源，对于研究的目标、进展等能有更好的把握；第三，制度邻近性可以是正式制度的邻近，也可以是非正式制度的邻近，它们都会影响到具体的合作过程，制度邻近能够促进沟通，尤其是有利于那些期望通过合作共享或开发复杂知识的合作组织。基于此，本研究预期校所之间的三类组织邻近性对双方的合作程度有正向影响。

大量文献探讨了地理邻近对组织间合作的重要意义。奥唐-伯纳

德（Autant-Bernard）等（2007）在对研发合作项目的合作可能性进行研究时，就发现了个体组织的地理位置会影响到它与其他组织进行合作的可能性。在庞茨（Ponds）等人（2007）的研究中发现了高校在与异质性机构，例如企业、政府机构等的合作中，地理邻近性对于合作的有效性有明显的作用，并且这种作用要明显大于大学与同质性机构（如另一所大学）合作时。国内学者李琳等人（2012）也发现企业与大学合作创新中的地理邻近效应明显。地理邻近通常被认为对组织间达成成功的合作以及知识的交换方面是有益的，原因在于地理邻近的组织之间可以进行面对面的接触，从而推动默会知识的交换。近年来也有许多研究者将邻近性理论框架应用于预测高校与其他机构之间的在科研、人才培养、成果转化等方面的合作强度（Collaboration Intensity），研究结论较为一致地表明，高校与其他机构间在地理、组织等方面越邻近，合作程度越高（Balland，2012）。基于此，我们预期校所之间的地理邻近性对双方的合作程度有正向影响。

研究表明，当合作伙伴之间存在相似组织情景时，它们的合作将更有效，因为这种相似性能够促进相互理解，同时，也是组织间进行集体学习、获取和整合异质性资源、开展共同创新的先决条件（Burmeister and Colletis-Wahl，1997）。此外，邻近性有助于构建组织间网络结构，促进组织间尤其是个体间互动关系形成，通过这种互动，知识和资源得以交换。校所联合培养项目是由高校与工程院所所构成的异质性组织合作方式，那么已然决定了联合项目中的参与者（主要是双方导师、博士生）在项目外部网络结构中处于结构洞位置，而在具体的培养项目中，形成了一个内部网络，尤其是双方导师、师生和具体科研团队之间，那么这就要求这个内部网络是闭合的，这种闭合性又体现在双方在各培养环节的合作程度之上。

根据邻近性、合作程度与社会资本之间关系的回顾与分析,本研究提出如下假设:

H1a:校所邻近性对校所在联合培养博士生各环节的合作程度有显著的正向影响;

H1b:校所邻近性对联合培养博士生的社会资本有显著的正向影响;

H1c:校所在联合培养博士生各环节的合作程度对联合培养博士生的社会资本有显著的正向影响。

2. 博士生社会资本、心理资本与创新能力的关系

社会资本理论自提出以来,学者们一直致力于研究和解释社会网络对于一系列组织行为和组织现象的影响(郑晓涛等,2008;Lin et al.,2008;Kim and Rhee,2010;Chow and Chan,2008;金辉等,2010),不断有学者就社会网络、社会资本等变量与个体创新能力之间的关系进行了一系列的实证研究。其中西方国家学者在这方面开展研究较早,例如,佩里-史密斯(Perry-Smith)和莎莉(Shalley,2003)的研究探索了个体社会关系与创新能力之间的联系,他们的研究强调动态和静态社会网络结构的重要性,并认为弱连接(Weak Ties)并不一定总是对个体创新能力提升有益,个体网络位置(Network Position)对于个体创新能力的促进或抑制作用更为明显。[①] 在后续研究中,佩里-史密斯(2006)进一步地整合了创新能力理论和社会网络理论,并探索了关系强度(Relationship Strenth)、网络位置、外部连接(External Ties)对提升创新能力的意义所在,通过对

[①] J.E.Perry-Smith and C.E.Shalley, "The Social Side of Creativity: A Static and Dynamic Social Network Perspective", *Academy of Management Review*, Vol.28, No.1, 2003, pp.89-106.

科研人员的调查结果发现，弱连接对于创新能力有正向影响，而强连接的影响程度一般，此外，在个体拥有的组织外部连接较少时，网络中心度（Centrality）对创新能力的正向影响作用更为强烈。[①] 国内研究中，张华等人（2008）认为人际互动能够促进人的创造力，原因在于社会网络为个体提供了多样化的知识，这是创新的重要基础，他们提出了小世界网络结构（Small World Network）与个体创新绩效和创新能力关系的重要假设。[②] 顾琴轩和王莉红（2009）更是直接检验了个体和团队社会资本与创新能力的关系，他们在对科研人员创新能力的实证研究中发现，个体和团队社会资本对科研人员创新行为都具有显著的正向影响[③]。国内研究虽然起步较晚，但是有研究者已经开始直接考量社会资本对研究生创新能力的影响并展开了一系列实证调查和检验。例如，吴剑琳等人（2014）发现导师自主性支持显著影响研究生的创新能力，[④] 张雁冰等人（2014）发现研究生的三类主要的社会网络：导师网络、同学网络与外部专家网络皆正向影响研究生的创新能力。[⑤] 前文已经对目前个体创新能力研究中最具影响力的两个理论模型：创新能力成分理论模型（Componential Model of Creativity）和创新能力交互作用模型（Interactional

---

[①] J.E.Perry-Smith, "Social yet Creative: The Role of Social Relationships in Facilitating Individual Creativity", *Academy of Management Journal*, Vol.49, No.1, 2006, pp.85-101.

[②] 张华、席酉民、丁琳：《社会网络对个体创造力的作用机理研究》，载《科学学与科学技术管理》，2008年第11期。

[③] 顾琴轩、王莉红：《人力资本与社会资本对创新行为的影响——基于科研人员个体的实证研究》，载《科学学研究》，2009年第10期。

[④] 吴剑琳、王茜、古继宝：《导师自主性支持对研究生创造力影响机制研究》，载《科研管理》，2014年第7期。

[⑤] 张雁冰、刘和福、古继宝：《研究生进取心与社会资本对创新能力培养的影响研究》，载《学位与研究生教育》，2014年第5期。

Model of Creativity；Amabile，1983，1988；Woodman，1993）进行了介绍。两个理论都非常强调创新能力是一个社会过程，组织环境中如上级支持（Supervisory Support）、源自于群体互动（Group Interaction）的社会影响（Social Influence）等都是个体创新能力的重要影响因素。

尽管心理资本自提出以来得到了众多学科领域学者们的高度关注与重视，但是就目前的研究现状来看，心理资本的研究仍然不够深入，多集中于探讨心理资本的内涵结构、测量工具开发以及对其他个体外显态度、行为的预测作用的研究，而对于心理资本的影响因素的研究较少。但国内有研究者指出影响心理资本形成的因素非常多，这些因素不仅包括个体自身的生理与心理特征，而且包括环境方面的影响因素，如家庭、同辈群体、组织、社区，甚至是亚文化或整体文化环境等（王雁飞、朱瑜，2007）。实际上，虽然直接研究社会资本与心理资本关系的研究较少，但是仍然可以从过往文献中发现大量研究关注了社会资本与具体心理资本维度之间关系的研究。例如在高等教育研究领域的研究中，朱高侠等人（2014）发现社会资本对于大学生读研自我效能感存在显著影响；[①] 韩黎和李茂发（2014）发现农村大学生社会支持对心理韧性具有显著的正向预测作用；[②] 李旭（2015）的研究发现大学生的朋友支持、他人支持对于其乐观性具有显著的正向预测作用；[③] 郑雯（2009）的研究发现大

[①] 朱高侠等：《社交媒体对大学生读研自我效能感的影响研究——以社会资本为视角》，载《现代教育技术》，2014年第11期。

[②] 韩黎、李茂发：《农村大学生抑郁与社会支持心理韧性的关系》，载《中国学校卫生》，2014年第3期。

[③] 李旭：《大学生社会支持与生命意义的关系：乐观的中介和调节作用》，载《中国特殊教育》，2015年第1期。

学生的社会支持水平显著地预测了其希望水平。① 基于实证研究的回顾，可以推断出博士生社会资本是其心理资本的重要预测变量。

尽管探讨心理资本与创新能力的关系的理论和实证研究较少，但是近年来，开始有研究者关注职场领域从业人员的心理资本与其创新能力的关系，例如阿巴斯（Abbas）和拉贾（Raja，2015）在研究员工心理资本对创新绩效和工作压力的研究中发现，心理资本对于创新绩效有正向预测作用，而对于工作压力则存在负向预测作用，有较高水平心理资本的个体较之心理资本水平低的个体，会体现出更多的创新行为，在工作中会更多地产生和执行新的想法或者为新想法寻求外在支持。② 在国内研究中，宋欣和周玉玺（2013）从心理资本的四个维度阐释了心理资本对创新绩效影响的作用机理。③ 此外不少学者通过实证研究检验了心理资本与员工创新能力、创新绩效和创新行为的关系，并较为一致地发现了心理资本对创新能力的重要正向影响（赵斌等，2012；宋欣等，2014；侯二秀等，2012；陈璧辉等，2013）。在高等教育领域，也有学者的研究指出心理资本能够促进大学生自身潜能发挥，增强竞争优势和幸福感（许海元，2015）。如柯江林和郭蕾（2013）的研究发现大学生心理资本对创新行为变量的解释力达到近 50%。④ 此外，心理资本会影响到博士生

---

① 郑雯：《大学生社会支持与希望的关系研究》，载《首都师范大学学报（社会科学版）》，2009 年第 S4 期。

② M. Abbas and U. Raja, "Impact of Psychological Capital on Innovative Performance and Job Stress", *Canadian Journal of Administrative Sciences*, Vol. 32, No. 2, 2015, pp. 128-138.

③ 宋欣、周玉玺：《心理资本对知识型员工创新绩效影响的作用机制研究》，载《山东农业大学学报（社会科学版）》，2013 年第 1 期。

④ 柯江林、郭蕾：《大学生心理资本对创新行为影响的实证研究》，载《福建江夏学院学报》，2013 年第 1 期。

学习和参与科研项目的具体态度和行为,进而影响到科学技术知识、能力等方面的储备(Luthans et al.,2008)。根据社会资本、心理资本与创新能力三者之间关系的回顾与探讨,本研究提出如下假设:

H2a:博士生社会资本对其创新能力有正向预测作用;

H2b:博士生社会资本对其心理资本有正向预测作用;

H2c:博士生心理资本对其创新能力有正向预测作用。

3. 外部环境条件、社会资本与创新能力的关系

伍德曼等人(1993)所提出的创新能力交互作用模型吸收了人格心理学、认知心理学和社会心理学对于创新能力研究的重要元素,该理论的前提假设是:创新能力是一个个体层面现象,它受到个体禀赋和环境变量的影响,换句话说,个人禀赋和外在环境变量之间的交互作用能更全面地预测个体的创新能力,而这种交互作用也受到过往事件以及当前状况中的突出方面的影响,在个体内部,心理的认知因素(知识、认知技能、认知类型偏好)与非认知因素(人格特质)都与创新能力密切有关。[①] 因此,个体创新能力是先行条件(Antecedent Conditions)、认知类型和能力(Cognitive Style and Ability)、人格因素(Personality Factors)、社会影响(Social Influences)、环境影响(Contextual Influences)不断互动的结果。通过前文的分析,我们认为校所联合培养为博士生创新能力的提升创造了良好的外在条件,高校作为传统的人才培养和科学探究场所,是激发博士生产生创新构想的重要场域,而工程院所的科研性质和企业性质以及在国家创新体系中扮演的重角色,使之成为博士生执行创新构想的重要场域,双方在人才培养方面的合作,

---

① R.W.Woodman,J.E.Sawyer and R.W.Griffin,"Toward a Theory of Organizational Creativity",*Academy of Management Review*,Vol.18,No.2,1993,pp.293-321.

构建了博士生创新能力的外在环境影响和社会影响条件。前文已论述、回顾了邻近性以及校所在博士生培养各环节的合作程度对于博士生社会资本的影响,以及社会资本与创新能力之间的关系,本研究将基于博士生科技人力资本发展机制模型,将博士生科技人力资本发展机制外部条件与内部互动模型结合起来,检验邻近性以及合作程度对博士生两类社会资本与创新能力关系的调节作用,并提出如下假设:

H3a:校所制度邻近在博士生两类社会资本与创新能力关系中起到调节作用;

H3b:校所认知邻近在博士生两类社会资本与创新能力关系中起到调节作用;

H3c:校所在博士生培养各环节的合作程度在博士生两类社会资本与创新能力关系中起到调节作用。

第五章　邻近性、合作程度与联培博士生社会资本的关系

"联合培养是深化我国高等教育体制改革、培养拔尖创新人才的重要模式，是促进教育与科研有机结合、提高自主创新能力的得力举措，是充分发挥高等学校和工程研究院所的资源优势、实现强强联合的有效机制"（周济，2012）①。我国教育部于2010年4月启动了高等学校和工程研究院所联合培养博士研究生试点工作，以促进高层次拔尖创新工程科技人才培养。校所联培试点工作开展到现在已5年时间，与此同时，学者们纷纷从不同的角度对我国校所联培这一教育实践进行了探索和研究，文献回顾表明，研究者们开始对校所联培试点工作的成效、问题以及合作方式等进行了探讨分析（何峰等，2014；郭德侠等，2014；刘贤伟、马永红，2015），这些研究对于推进联培试点工作的稳步、可持续发展有着重要意义，有学者指出校所联培本身就是一种优化的研究生培养模式，研究还应当从机制层面来探索创新性的、实质性的校所联合培养研究生模式（裴旭等，2007）。实质性的校所博士生联合培养模式在一定程度上可以通过校所在诸如招生、课程设置、导师指导、科研实践、博士

---

① 周济同志在高等学校和工程研究院所联合培养博士研究生2011年试点工作座谈会上的讲话。

论文工作等各博士生培养各环节上合作程度来进行衡量，换句话说，在这些关键环节上的合作程度越高，越能体现出校所博士生联合培养模式的实质性。

校所联合培养博士生作为校所组织间合作的一种重要类型，那么在校所合作情景下，我们需要解答在当前我国校所联培实践过程中呈现出什么样的培养模式？这些模式具有什么样的网络结构特征，校所之间在各培养环节的合作程度如何？在实践中形成所谓的实质性联培模式在组织层面的影响因素是什么？以及对最终博士生建构的社会资本有何影响？为回答上述问题，在本章中首先通过质的研究方法，结合具体案例对我国当前联培专项中呈现出的典型模式进行概述和分析，根据社会网络理论，对典型模式中的联培项目内外部网络结构特征，以及在这些特征下各模式中博士生获取项目外部校所资源的非冗余性与项目内部资源凝聚性进行分析，并进一步分析不同模式下校所在各培养环节的合作程度。在完成了质的研究之后，我们将关注点聚焦于组织合作研究中的一个重要概念：组织间合作的邻近性，进一步考察各种组织之间的邻近性对校所双方在各培养环节合作程度以及博士生最终社会资本构建的影响。

（一）校所联培的典型模式及其网络结构特征

本研究首先采用典型代表案例调查的研究方法，对我国当前联培专项中呈现出的典型模式进行概述和分析；根据社会网络理论，对典型模式中的联培项目内外部网络结构特征，以及在这些特征下各模式中博士生获取项目外部资源的非冗余性与项目内部资源的凝聚性进行分析，并根据战略联盟理论，进一步分析不同模式下校所在各培养环节的合作程度。案例调查法的优越性在于能够全面地了解和认识校所联培的各种真实情况。

第五章　邻近性、合作程度与联培博士生社会资本的关系

1. 案例调查的实施与数据采集

在 2015 年 3 月至 5 月，本研究对多个高校与工程院所联合培养项目进行了实地调研、访谈和观察，并选取了其中 4 个典型案例进行了深入访谈。案例中所涉及的博士生都是其所在校所联培专项所招收的第一届学生，且都已经完成课程阶段的学习和博士论文开题，全面进入到博士生毕业论文的研究中，对校所联合培养有了较为深入的体验、认识和理解，具有较好的代表性。具体研究步骤如下：首先，通过博士生所在高校研究生院召集该校参与到联合培养专项中的导师、学生、管理人员等进行集体座谈，了解项目运行和学生学习、科研的基本情况；其次，对具有代表性案例中的导师、博士生进行进一步的深入访谈，在该步骤，学生与导师分开访谈；第三，在征得受访导师、学生的同意之后，对访谈进行录音，并承诺对访谈内容中所涉及的诸如个人姓名、隐私、所在单位等受访人员不允许公开的信息保密；第四，对访谈内容真实性进行核实、鉴别，并进一步完善、转录、建档，提取与本研究主题有关的内容，进行深入的案例分析。本研究深入访谈的 4 个案例的基本信息详见表 5-1。

表 5-1　访谈案例基本信息

编号	性别	年龄	领域	入学年份	入学方式	本科阶段	硕士阶段	开题
1	男	29	控制科学与工程	2012 年	普通招考	非 211	非 211	是
2	男	31	电子科学与技术	2010 年	普通招考	非 211	985 高校	是
3	男	30	材料科学与工程	2012 年	普通招考	非 211	非 211	是
4	男	29	船舶与海洋工程	2012 年	硕博连读	985 高校	985 高校	是

2. 校所联合培养项目的四类典型模式

（1）高校单方面培养模式。高校单方面培养模式的主要表现形式是联培博士生由高校导师进行单方面的指导和培养，院所方及院所导师并未真正参与到博士生的培养过程中，严格意义上来说，这种模式并不属于联合培养的范畴，多以联合培养的名义进行招生名额的分配，从招生到最后的学位授予皆为高校方单独进行，与一般意义上的高校单方面培养并无二异。但是作为当前联合培养实践中出现的一种现象或者称为问题，我们同样需要观察其具体运行模式。

案例1：有名无实的联合培养。

某高校A教授每年可以招收2名博士生，在2012年招收了一名联合培养的博士生B。B在报考该高校A教授时，B的考分并未达到学校录取分数线，因此A教授没有录取他，但学校告知A教授可以通过校所联合培养专项多招一个学生。A教授说："当时校方的说法是院所方可以提供一些课题、研究经费，在确定研究方向之后，学生在我们这边做，我们给指导指导。我也希望借助联培看看能不能促进双方一些课题合作，他（院所导师）是企业负责人，手里大把的项目，有一部分做前沿的，比如预言性的课题是适合大家深入去做的，他们提的有的方向也是比较实用的，比较超前的，不用担心选题，有需求的时候，涉及前沿的时候，对我们工科院校来说还是好做一些，大家互惠互利。"博士生B在高校完成课程阶段的学习之后，经多次联系，A教授与院所方导师C研究员碰了面。"C研究员是院所的总师，非常忙碌，前期也没和我们沟通，对联培项目不清楚怎么回事，见了面我们还解释了半天，我和学生去找人家显得我们挺冒昧的。我给对方说了学生选题的事，看能不能结合院所

第五章 邻近性、合作程度与联培博士生社会资本的关系

的课题做点什么，他之前没有考虑，也没有准备，他想了半天说再联系吧。回来之后等了半年多也没信，然后跟他联系，他说他没什么太合适的课题。其实他们要做的话，他们是有能力的，可能是上头给了他们个任务或者指示，他也不知道具体干什么，不知道自己有什么义务。之后我与学校联系，学校让我自己安排，我就安排B到我的课题组跟着一位新上的博导做仿真，跟我自己单独招的是一样的，学生表现也不错，达到学校要求不成问题，能够顺利毕业"。

案例1反映出了一种有名无实的联合培养。在使用了联培专项招生名额之后，专项计划实质上成为校方增加博士生招生名额的一种途径。在导师指导方面，由于院所方对联培不了解或者缺乏积极性，最终由校方导师单方面进行指导。在培养过程中，博士生的科研实践依托于校方导师的课题进行研究和博士论文选题等。上述各环节由校方单方面进行也就决定了通过联培项目整合校所双方优势资源的预期可能落空，因为校方导师、博士生与院所导师之间的连接断裂或有待搭建，校所异质性知识、信息、资源、技能等的转移、交换无法实现，博士生培养仍在高校培养场域之内。

高校单方面培养模式中，首先，就联培项目内部网络结构而言，由于前期沟通，规则制度以及合作方积极性缺失等方面的原因，校所联合并未成为双方的共识或者说只是一种潜在共同目标。如案例1中所反映出的情况，校方导师尝试与院所方导师建立联系，共同指导博士生，但是合作目标落空，三者之间构成了一种网络闭合性极低的非实质性的联培场域；其次，从联培项目外部的校所组织层面来看，院所导师是双方实现项目合作的关键连接点，校方导师寄希望于通过联培能够带来项目上的合作，实现"互惠互利"，但校所之

间的连接未搭建，组织间连接中未出现结构洞，联培博士生、双方导师作为校所连接节点的可能性被弱化。总的来说，这种模式下，校所双方在学生培养方面基本未形成合作。"高校单方面培养模式"中，围绕"联培项目"所构建的内外部网络结构可以通过图5-1进行描述。

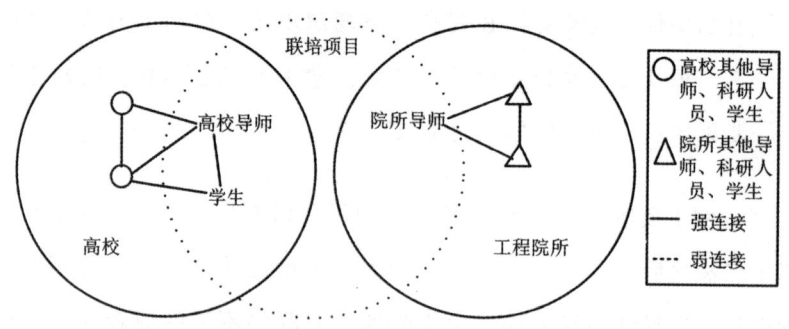

图 5-1　高校单方面培养模式下各主体内外部网络结构

（2）院所主导模式。该模式的主要表现形式是，由于多数工程院所不具备博士学位授予权，课程、师资等方面也存在明显不足，因此在联合培养过程中，高校承担了如招生、课程、学位授予等阶段的工作，这种模式下学生也有校所双导师，但双方导师并无实质性合作，学生主要在院所方导师指导下在工程院所完成科研实践、学位论文等主要的培养阶段。

案例2：分段式的联合培养。

D是2010年第1届联合培养专项的博士生，当时作为应届硕士毕业生的D跨专业报考了所在高校E教授的博士研究生，但未能如愿。之后D通过联培专项名额录取为该高校与某工程院所的联培博士生，由E教授与院所的F研究员共同指导。在第一学年，D与高校其他博士生完成校方提供的课程，满足校方的学分要求之后，D便进入到工程院所F研究员的项目团队

第五章 邻近性、合作程度与联培博士生社会资本的关系

从事研究工作。在选题和科研实践方面，D认为："过来后就参与到院所导师的科研项目，我和其他几个联培学生都参与进去做仿真，组里有几个比较拔尖的员工，我们时不时也讨论一下，现在问题就是导师或者院所的课题适不适合作为博士生的选题，配置双导师我理解其实是为了平衡工程与学术，所做课题是院所老师选的，校方导师领域不同，对现在做的东西没太多了解，那么在招生之前双方是不是应该多沟通一下，通过两个人都了解的领域去做一个交叉合作，要不然双导师制就没意义了。"目前D已经进入到博士毕业论文撰写阶段，但由于学位授予工作由校方负责，因此，D还需达到学校的学术论文发表数量要求方能答辩。D谈到要达到学校标准比较困难："因为在院所这边做实验比较困难，导致我们没有成品或者实验结果，我们也可以利用学校实验室，但那边也没有相关设备，现在只有仿真结论，不能做进一步的研究，没法做创新，现在发EI的话还好说，SCI没有一点实验结果或者结论很难发。相对于发表论文，院所导师更注重写专利，我有一个新的想法，他会让我先写个专利，申请方必须是院所，我只是发明人，这对我一点用没有，因为学校毕业标准要求第一单位必须是学校，我有个专利都申请国际专利了，其他专利也写了4、5个，对我毕业没有用，毕业了也都贡献给院所了，学校写专利还有奖励，这边什么都没有，所以我也没什么动力写了。"

从案例2可以看出，校所双方虽然分别承担起博士生不同的培养环节，但培养各环节之间并未充分衔接，更像是各环节的"拼凑"。在校方完成招生之后，由于院所方不具备博士生课程设置的条件，因此该模式下学生的课程由高校承担。校所双方导师无实

质性交流、合作，双方可能在研究领域方面差异过大，因此学生无法从校方导师处获取对课题有效的信息和资源支持，仅停留于一些事务性的联系上，学生在完成校方课程之后便完全进入到院所从事院所导师承担的院所研发课题中。博士生培养的核心环节由工程院所单独完成，博士生培养实质上处于院所场域之内，高校课程、图书馆资源以及校所科研设备设施等方面形成的公共学术资源缺乏科研合作纽带进行整合。此外，由于高校具有学位授予权，学生必须要满足高校在课程学习、学术论文发表等方面的"硬性标准"，"院所工程实践"与"高校学术标准"之间由于各环节衔接问题产生了矛盾，使得博士生在所在培养场域中"边缘化"，产生认同危机。

院所主导模式中，首先，由于各方承担了不同的培养环节，因此构建起了一个相对完整的联培环境，但在联培项目内部，校方导师与院所导师无实质性的科研合作关系或者所从事的研究领域差异过大，导致双方较难建立起强连接，而博士生的论文选题和研究工作依托于院所导师的工程项目，除了课程学习之外，博士生与校方或校方导师的关系仅停留于一些事务性的联系上，因此，联培项目内部场域主体间网络结构闭合性极低；其次，校所双方在学生培养过程中更多的是一种分工关系，学生可获取来自双方的资源，组织间关系围绕着联培博士生形成结构洞，但校所双方未形成实质性连接，学生培养边缘化。在社会网络视角下，"院所主导模式"所构建的内外部网络结构可以通过图5-2进行描述。

（3）基于导师关系的联合培养模式。该模式下的主要表现形式是，联合培养项目建构在院所双方导师有着较好的个人关系和合作经历的基础之上，院所导师为联培博士生提供科研项目并进行主要

第五章 邻近性、合作程度与联培博士生社会资本的关系

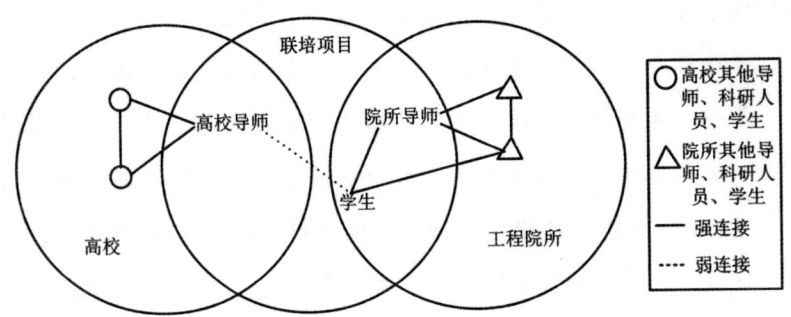

图 5-2 院所主导模式下各主体内外部网络结构

指导,高校在校方导师指导以及其他科研、学术资源方面对联培项目具有很大程度的开放性。

案例 3:高校资源未得到有效运用的联合培养。

博士生 G 在 2012 年报考了某高校 H 教授,由于 H 教授招生名额有限未能录取,后通过该高校与某工程院所的联培专项计划补录,由 H 教授和某工程院所的 I 研究员共同指导。入学之后,G 便参与到 I 研究员的课题当中,G 表示:"H 老师以前是 I 老师读博时候的博导,他们关系一直很紧密,也有不少合作,I 老师之前在院所承担的一个项目做完之后,发现有些问题没太搞清楚,想在理论上继续搞一搞,但是又抽不出人手,和 I 老师这边联合培养正好可以做这个事情,一方面有博士生来做这个事,另一方面高校老师可以提供些指导。我的博士论文选题就依托了这个项目,I 老师提供了很多支持,像有些仪器买不了大的,就买个小的,反正得让实验正常进行。他平时也和我聊一下进展,他比较急切知道他的想法对不对,当然他也很忙,但还是能够保证 2—3 周讨论一次,他也安排了一个工作人员带我,都在一层楼,见面很方便,一直在带我。"谈到校方导师对 G 的指导情况时,G 说到:"自从在学校上完课之后,我就很少

回学校了，有时候需要找 H 老师签字，我就回来一下，H 老师也告诉我可以常回来找他，汇报一下自己的进展，遇到的问题等等。其实学校的学术氛围的确要比院所优越得多，但我都没回去参加过老师的组会。我的开题报告和前段时间写的一篇文章，I 老师都请 H 老师给看了，H 老师也给了很多中肯的修改建议，一看就知道是这个领域的'牛人'，还是自己懒吧，学校这边资源都浪费了。"

案例 3 反映了校所双方创造了较好的联合培养内外部条件，双方导师也积极参与到联培项目，但由于学生在获取校方资源方面的积极性和能力方面的原因，高校资源未得到充分利用。在"基于双方导师关系的联合培养模式"下，招生环节由高校承担，但更多地考虑了由存在个人关系的校所双方导师来构成联培双导师制，课程环节如同前两种模式，由高校单独承担。科研实践环节，博士生依托于院所方导师课题进行，但与"院所主导模式"不同，在本模式中，院所方导师更多地寻求一种"工程实践"与"学术标准"之间的平衡，凝练工程项目中的科学问题，提供必要的人物力支持，与此同时，一些必要环节和学术产出可以得到校方导师的指导和把关，这就营造了实质性的联培项目场域，但由于博士生与校方导师的连接较弱，使得博士生培养实质上仍置于院所场域之内，校所双方优势知识、资源、信息、技能等整合程度有限。

基于双方导师关系的联合培养模式下，首先，在校所组织层面来看，尽管校所之间的关系围绕着双方导师出现了结构洞，但联培博士生并未成为校所组织间关系网络的节点，很大程度上学生培养仍停留在院所场域之内；其次，参与到联培项目中的双方导师本就存在比较密切的社会人际关系或者科研合作关系，具体到联培过程中，博士生的科研实践源于院所导师，尽管其获取校方资源有限，但通过院所导师得到校方导师在一些必要环节的指导和把关，三者之间构成了一种网络闭合性较高的实质性联培场域。图5-3呈现了"导师关系模式"所构建的内外部网络结构。

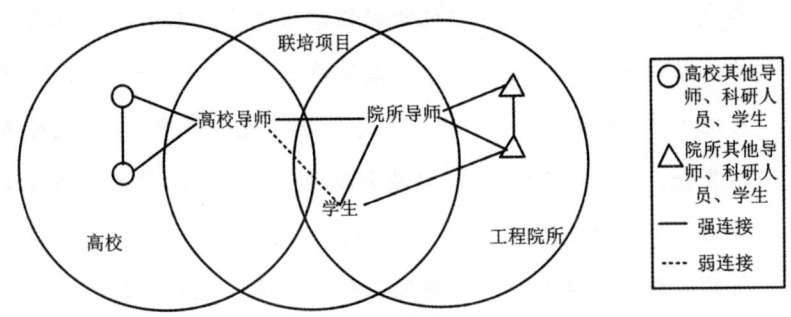

图5-3 基于双方导师关系的联合培养模式下各主体内外部网络结构

（4）基于合作需求的联合培养模式。该模式下的主要表现形式是，校所双方在学科之间存在很强的互补性，双方可能存在长期的、稳固的科研和人才培养方面的合作关系，积累了丰富的经验和举措，也可能在国家重大前沿科学、工程研究项目的牵引下在创新领域展开协同合作，双方导师围绕双方强烈的合作需求，共同致力于博士生培养的各个环节，博士生在校所双方共同承担的科研项目中起到重要作用。

案例4：依托协同创新中心搭建联培平台。

博士生J是某高校2012年硕转博的学生，其校方博导K教授是该校协同创新中心的负责人之一，经过遴选，J进入到协同创新中心，由K教授与某工程院所L研究员共同指导，J表示他事先不知道也不了解联培项目，但入学之后便逐渐打消了疑虑。在第一学年，J需要在高校完成校方提供的必修课和选修课，与此同时也需要参与到协同创新中心中由K教授和L研员共同负责的团队，J 谈道："课程由学校这边承担，但一些必修课由外边的专家来上，比如有 12 个专题讲座课，由合作院所或者企业的一线专家来讲，（学生）无论联培与否都必须学习的。选修课方面，双方导师会根据正在从事的课题需要、进展与我进行沟通，使得在学校的课程学习更有针对性，尤其是一些跨学科课程帮助很大，因为做的课题完全是一个新领域，不可能 1、2 个学科就能解决。另外，学校硬性规定了 10 次学术报告会，除了这 10 次外，只要和现在领域相关的学术报告或者会议，我也会去关注。"对于科研实践方面，J 认为："其实校所的区别还是很大的，院所偏工程化更多，也做科研，但是产业化是重点，面对用户和市场的需求，不是纯基础、纯理论的，它要把产品给做出来，从图纸、设计、施工到最后产品出来，你需要全程跟踪。学校的科研不会这样程序化，因为不是以产品为导向的，更关注性能、原理，所以大家要合作，这样才有利于创新。我和两个导师经常沟通，博士论文选题依托的是双方合作的国家重大专项，这对我是个'利好'，一方面院所实验条件非常好，也能提供场所、设备的支持，另一方面，学校的学术资源非常丰富，容易获取，我每周例会要向 K 老师汇报进展，他在具体的技术细节上给些指导，比如像数字模拟方面，因为院所方涉及不是太深，但校方导师就给了很多指导。"

案例 4 反映出，校所双方导师存在科研合作，从而通过搭建起实质性的培养环境使得校所双方资源得到有效整合。招生环节与上述三类模式一样，招生环节由高校负责，但致力于服务国家重大战略需求，校方遴选了优秀生源进入到联培项目，学生需要完成由校方提供的课程，但是与上述几种模式不同的是，必修课环节有校外合作单位的一线专家参与，双方导师与博士生需要就双方的合作项目需要对选修课进行沟通，学生课程学习更有针对性。在科研实践环节，依托于协同创新中心的项目进行博士论文选题，双方导师对于学生的科研指导、支持方面各有侧重，由此构建了以双方合作项目为依托的实质性联培环境，并将学生置于其中，校所双方的优势资源以合作项目为纽带在联培场域中得到整合、升级。

依托双方项目合作的联合培养模式下，首先，联培博士生通过作为校所组织关系重要节点的双方导师能够与校所双方其他人员之间建立联系，双方导师同样可以依托于联培项目与对方组织内其他人员建立联系，学生、双方导师都成为了高校与工程院所组织间关系的重要节点；其次，联培博士生与校所双方导师两两之间基于共同从事的科研课题建立起强连接，联培项目成为超越校所组织界限的新关系体系，在项目内部呈现出高度的网络闭合性。图5-4呈现了"合作需求模式"所构建的内外部网络结构。

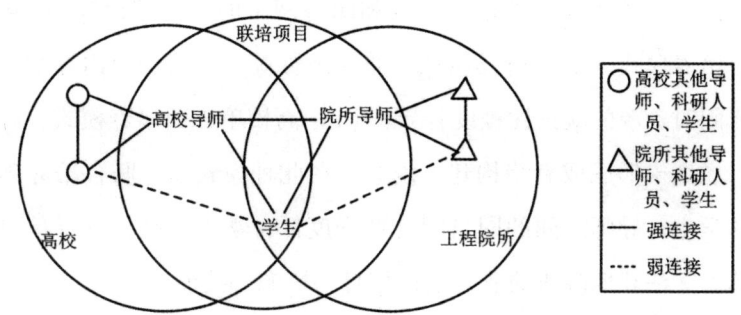

图5-4 基于双方合作需求的联合培养模式下联培各主体内外部网络结构

3. 不同联培模式下项目外部资源非冗余性与内部资源凝聚性特征

上文对不同联培模式下的项目内外部网络结构进行了分析，本研究基于博特的结构洞和闭合网络的整合理论模型，以联培场域外获取校所异质性、非冗余知识、信息、资源、技能程度为纵轴，以联培场域内导师、学生之间知识、信息、资源、技能的凝聚性为横轴，构建了联培项目获取内外资源的特征象限图（详见图5-5）。

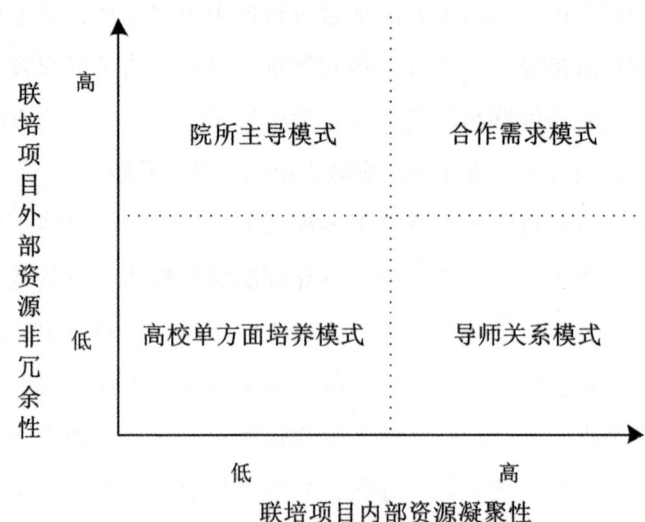

图 5-5　不同联培模式获取内外部资源的特征

由图5-5可见，根据结构洞和闭合网络的整合理论模型，4种联合培养模式获取校所异质性、非冗余资源，联培场域内导师、学生之间对资源的凝聚性程度各异：（1）高校单方面培养模式，联培项目场域未形成或有待构建，因此，在此种模式下，联合培养项目中的学生、导师之间的网络闭合性程度低，学生由高校进行单方面培养，无法获取院所的非冗余性信息、资源、技能等；（2）院所主导模式，校所分别承担了一定的培养阶段，但联合培养项目中的学生、导师之间的网络闭合性程度较低，各培养阶段之间缺乏衔接，虽然聚集了来自校所双方的非冗余性信息、资源、技能等，但无法在联培场域内进行整合；（3）基于双方导师关系模式，联培项目场域已构建，依托于院所方的科研项目，联培项目中的博士生与院所方导师紧密连接，双方导师由于个人关系、科研合作关系等也存在紧密连接，因此构建了联培项目内部网络闭合程度较高，但由于博士生与校方是一种弱连接关系，因此，联合项目内部是源于院所的单一性的信息、资源和技能；（4）合作需求模式，双方搭建了实质性的联培项目场域，博士生与双方导师之间构成了闭合性程度较高的内部网络结构，联培项目通过作为校所两个组织重要关系节点的双方导师，获取源于双方的异质性、非冗余性的优势信息、资源和技能。

4. 不同联培模式下项目校所在各培养环节的合作程度分析

根据上文典型案例访谈材料的整理分析，提炼当前校所联培项目所呈现出的典型模式、网络结构特征以及通过这种网络结构，联培博士生获取校所异质性的实质或潜在资源（社会资本）的特征，现结合上述案例的访谈材料和案例所在单位提供的文本材料，并以当前为数不多但有较好示范性、启示性的联培博士生优秀实践案例作为重要补充。补充案例文本材料主要来源于《高校与科研院所联合培养研究生典型案例汇编（2012）》（马永红等，2014）。[①] 由于上文中所呈现的第一种模式，即高校单方面培养模式中的校所双方在博士生培养方面并无事实上的合作，因此在后续分析中不做进一步的考察。下文将结合典型案例在招生、课程设置、导师指导、科研训练、论文工作、联培基地平台建设等培养环节的具体实践，本文对校所联培合作程度进行分析、总结。

（1）在院所主导模式下和导师关系模式下，双方合作程度较低，但通过合作至少满足了合作方的一些需求或解决了一些现实问题。在该模式下，双方通过承担各自优势环节的工作，缓解对方相应的

---

① 该案例集中收集了20个典型案例，其中，根据教育部试点项目案例9个、国际合作联合培养研究生案例4个、多种类型开展联合培养研究生的案例7个。

不足。两种联合培养模式下校所在具体环节的合作情况如下：招生环节，发挥高校在生源和教学资源方面的传统优势。并没有针对联合培养研究生的专门招生工作，院所方没有博士点，主要在高校方的统一组织下完成招生，之后为学生指定校方导师和院所方导师。在第一学年，联培博士生需与校方非联合培养的博士生一起学习校方单方面提供的统一课程；导师指导、科研训练以及论文工作方面，强调院所方的主导性。在修完校方要求的学分之后，第二学年起，研究生参与到院所方导师的项目课题中，基本上在院所方导师的指导下进行选题和项目研究，并确定博士论文方向等工作，论文研究和论文撰写基本上也在院所方导师的指导下完成，最后是由校方颁发毕业证书和授予学位，在读期间，学生发表的论文和专利成果由合作双方共有。这两类模式中，高校与科研院所在研究生培养上的合作方式体现了一种分工关系，高校负责课程教学，院所方负责科研实践，双方在各培养环节没有实质性的交叉，其组织关系特征见表 5-2。

表 5-2　院所主导模式和导师关系模式下高校与科研院所联合培养研究生的组织关系特征

类别	组织关系特征
目标状态	缓解高校研究条件、经费、设备和指导方面的不足，扩大招生规模；院所解决研究人员、教学资源的不足。
结构联结	招生、课程等环节由校方单独负责，科研院所方为联合培养工作配置了相应指导教师，校方聘任科研院所方导师为高校兼职导师，科研和论文工作由院所方独立负责，双方保持较大独立性。
信息沟通	研究生是双方导师、管理人员以及学生与校方导师之间临时性信息沟通、反馈的重要节点。

第五章 邻近性、合作程度与联培博士生社会资本的关系

（续表）

类别	组织关系特征
权力归属	高校在招生、课程设置、学位授予等方面保有权力，科研院所在科研训练、论文工作等方面保有权力。
资源投入	校方提供统一学位课和选修课，院所方导师以承担的项目为学生提供论文选题和科研训练。

（2）合作需求模式下，不仅仅是寻求支持，而且需要协调各方的行动，涉及联合的计划和资源。校所在具体实践环节的合作如下：招生环节强调科研院所的参与，使学生选拔工作更具针对性。院所方提前介入研究生招生的复试环节或以院所方开始的专业课考试成绩作为选拔标准，这些措施注重考查申请者已有研究经历和准备，确保学生之后在科研院所有针对性地进行训练、学习；课程设置突出科研院所方在前沿领域的优势。例如，根据院所方对课程的反馈，高校有针对性地对研究生课程设置进行修订和完善，院所方精选专家、技术骨干为博士生开设课程，内容涵盖了学科专业基础以及院所研发前沿状况；科研训练充分利用科研院所的优势条件对学生进行培养。强调博士生的研究课题与院所的实际结合，解决应用研究、产业化创新中遇到的困难和问题，在产业生产、管理现场环境下进行科研训练，利用院所方的先进设备、材料从事各种试验和检测工作，使学生较早地进入创造期，推动博士课题的开展；导师指导方面，充分发挥双方的特长，依托于双方合作课题或合作需求，明确双方导师的责任和协作关系。校方导师侧重课程指导、研究方案设计、提供理论支撑、确定研究课题和方向，院所方导师则侧重需求分析、研究技能指导和成果验证等学生课题研究，博士生在双方导师共同指导下，在联合平台（如协同创新中心）完成研究课题；论文工作以校所双方在联合平台中共同承担的国家重大科研项目为基

础。学生利用协同创新中心的设备、材料完成选题、课题研究和论文撰写,学位论文答辩前,由合作双方组成专家组,验收课题的完成情况;联合培养基地、平台建设方面,院所方给予大力的支持。院所为协同创新中心提供专门的项目需求清单,必要的人员津贴和联合培养运行的费用,并专门列出合作项目经费。合作需求模式体现了合作双方组合各自的优势资源,在联合培养各环节中展开协作,其组织关系特征见表5-3。

表5-3 合作需求模式下高校与科研院所联合培养研究生的组织关系特征

类别	组织关系特征
目标状态	整合双方在教学、科研及实践应用方面的优势和资源,以缓解教育资源紧张,科研成果转化率低等问题。
结构联结	上级主管部门牵头,共建联合培养研究生基地或平台,多方形成稳固的协调关系。
信息沟通	与联合培养平台项目对接,各方针对联合培养研究生各环节进行协商沟通,形成成文的规章制度。
权力归属	各方保持独立,但上级主管单位和联合培养平台对联合培养工作有领导权。
资源投入	基于联合培养平台,上级部门下达相应项目和经费支持,校所双方共同承担项目,院所方提供导师指导、必要设备、经费和课程,高校在招生上给予倾斜,提供校方优秀师资。

(3)协同联盟模式是一种强烈的、高度依赖的关系,高校与科研院所深度合作以实现共同目标,参与各方认识到,需要对研究生培养进行系统调整,需要各方高度的信任和广泛的对话,同时也需要参与方建构新的关系和处理彼此关系的新方式,本研究选取了《高校与科研院所联合培养研究生典型案例汇编(2012)》中某优

第五章 邻近性、合作程度与联培博士生社会资本的关系

秀校所联合培养博士生实践案例作为补充以阐明一种校所深层次合作模式。并根据之前研究，将该案例中所反映出的联合培养模式命名为协同联盟模式（刘贤伟、马永红，2015）。在该模式下，校所在联合培养各环节的具体合作实践如下：在招生方面，合作各方共同参与改变、革新传统的招生方式。成立招生委员会负责专门的招生宣传，各方教授共同组成面试小组，并加入申诉制度以保证优秀生源的选拔；在课程设置方面，引入所在领域的国外通行做法，汇聚各方优秀课程资源，突破国内传统课程设置的局限，成立课程委员会负责遴选各方导师上报的课程，各方导师须承担授课任务，按基础和前沿进展进行课程分层，按大学科进行模块化设置；在科研训练环节，共享各方的项目资源，突出学生的主动性，设置培养委员会负责学生在合作各方的实验室轮转，并参与到各方承担的国家重大前沿课题，由学生组织前沿学术研讨会，在各方轮流举办；在导师指导方面，优秀师资共享，增加师生双方的双向选择权，各机构教授要具备成为项目导师的资格，需为联合培养项目开设相关课程，并接受学生进入其实验室进行轮转，学生在 3 至 4 轮轮转之后确定导师，双方明确权利与义务之后，导师负责学生的科研训练和论文指导工作；论文工作环节，强调集体指导和有效的沟通反馈，学生在通过博士资格考核后，导师与熟悉课题情况的 3—5 位导师成立论文指导小组，学生需定期向指导小组汇报进展并做出建设性反馈；为共同推动和保障联合培养工作的顺利开展，合作各方成立了专门的项目委员会（下设招生、课程和培养委员会）对项目运行负责，各方通过汇聚高校和科研院所在教学和科研方面的优质资源，为学生提供优质的学习条件，科研院所方面提供了大量国家重大科研课题，弥补高校在科研实践方面的不足。该案例充分体现了校所在研究生培养各环节所进行的系统性整合，而不仅仅是在双方优势资源

上的共享，其组织关系特征见表 5-4。

表 5-4　协同联盟模式下高校与科研院所联合培养研究生的组织关系特征

类别	组织关系特征
目标状态	整合各方在所在领域的优势，共同致力于革新传统的研究生培养模式，提升与国际接轨的一流研究人才。
结构联结	在上级部门支持下，跳出传统的职能范围，成立专门联合项目委员会，全面负责联合培养全过程，各方紧密联结，相互依赖。
信息沟通	项目委员会下设项目办公室，负责各方沟通协作、与学生及教师沟通等工作，对招生、培养制度等重大问题，通过常规委员会大会，集体决策以期及时调整并保持行动一致。
权力归属	各方的负责人构成项目顾问委员会，负责项目具体实施的联合项目委员会及下设分委员会中，各方人员构成均等，通过这些设置保障各方在联合培养过程中共同行使权力。
资源投入	联合培养研究生工作汇聚了国内最优质的教学科研资源，学生可同时享有各合作方的师资、教学、实验室资源，参与到各方承担的国家重大前沿课题中。

在上文，结合实际案例，本研究对当前我国校所联合培养实践中所呈现出的 4 种典型培养模式及其网络结构特征进行了分析。网络结构特征外在体现为高校与工程院所在各培养环节的合作程度，根据博特的社会网络整合视角，我们推断不同培养模式及其网络结构特征所反映的校所合作程度影响到了博士生社会资本的构建，而合作涉及至少两个或两个以上主体（个人或组织），那么主体间的合作程度必然受到外在组织特征的影响，因此，在下文的研究中，我们将通过量化研究的方法去探析邻近性、校所合作程度以及博士生社会资本构建之间的关系。

(二) 量化研究设计

1. 研究样本

本研究使用问卷调查的方式采集研究数据，本研究选取北京大学、清华大学、北京航空航天大学、北京林业大学、中国石油大学5所高校与10所工程院所开展的10个联合培养项目的博士生作为调查对象。通过上述高校的研究生院共发放问卷200份，回收问卷186份，其中有效问卷176份。本研究所调查的校所联合培养项目开展时间较早，所代表的学科领域广泛，因此，所选取样本有较好的代表性。被试基本信息详见附录。

2. 研究工具

（1）校所合作程度的测量。本研究采用自编量表对高校与工程院所联合培养博士生实践过程中的合作程度进行测量。量表由7个题项构成，要求参与联合培养的博士生根据自身实际情况，指出其所在联合培养项目中，校方与院所方在7个培养环节的合作程度，量表中的培养环节包括了招生、课程、博士论文选题、科研实践、学生管理、导师指导、博士论文开题、评审与答辩。采用从合作程度"非常低"（记1分）到"非常高"（记5分）的Likert五点计分法，量表的得分范围为7—35分，分数越高表示高校与工程院所联合培养博士生实践过程中的合作程度越高。

（2）校所邻近性的测量。根据邻近性研究领域进展（Salimi等，2014；Boschma，2005；Knoben and Oerlemans，2006），本研究将考量高校与工程院所之间的地理邻近、社会邻近、认知邻近和制度邻近，对地理邻近的测量主要考虑高校与院所双方的地理空间距离，通过要求博士生从"毗邻"、"同城同区"、"同城不同区"、"同省不同城"、"不同省"5个选项中选择其所参与联培项目中的高校与工程院所之间的实际地理空间位置来衡量地理邻近性,采用从"不同省"(记1分)到"毗邻"(记5分)的Likert五点计分法,共1个题项;社会邻近性的测量主要参照博巴-奥尔加等人(2012)的研究中的测量方式,主要考量校所双方导师在当前合作项目以前是否有过合作①,共3个题项;认知邻近性的测量主要参考萨利米等人(2014)的研究,主要测量合作双方,尤其是校所双方导师之间的知识基础差异②,由2个题项构成;制度邻近的测量,主要参考了庞茨等人(2007)的研究,主要考察高校与工程院所在相似的人才培养规则、价值观、动机下运行的程度③,共3个题项构成。对社会邻近性、认知邻近性和制度邻近性的测量皆采用从"完全不同意"(记1分)到"完全同意"(记5分)的Likert五点计分法。

(3)社会资本的测量。那哈皮特和格萨尔(1998)将社会资本定义为,"嵌入在个人或社会组织所拥有的关系网络中,通过关系网络可获得的,来自于关系网络的实际或潜在资源的总和",他们提出了一个综合性的分析框架,将社会资本区分为三个重要维度:结构维度、关系维度和认知维度。④ 根据前人的研究,本研究认为联培博士生社会资本的结构维度是指博士生在校所联培项目的社会关系网

---

① O.Bouba-Olga, M.Ferru and D.Pepin, "Exploring Spatial Features of Science-Industry Partnerships: A Study on French Data", *Papers in Regional Science*, Vol.91, No.2, 2012, pp.355-375.

② N.Salimi, R.Bekkers and K.Frenken, "Governance Mode Choice in Collaborative Ph.D.Projects", *The Journal of Technology Transfer*, Vol.40, No.5, 2014, pp.1-19.

③ R.Ponds, F.Van Oort and K.Frenken, "The Geographical and Institutional Proximity of Research Collaboration", *Papers in Regional Science*, Vol.86, No.3, 2007, pp.423-443.

④ J.Nahapiet and S.Ghoshal, "Social Capital, Intellectual Capital, and the Organizational Advantage", *Academy of Management Review*, Vol.23, No.2, 1998, pp.242-266.

络中，博士生与校所双方人员，尤其是与双方导师之间联系的整体模式，表现为联培博士生与双方导师联系和接近性的程度；关系维度体现为联培博士生在与双方导师互动过程中建立起的信任程度；而认知维度则反映为联培博士生与双方导师存在共同目标、对事物共同理解以及使用相同符号、语言等的程度。本研究对上述社会资本三个维度的测量参考赵（Chiu）等人（2006）[①]以及周（Chow）和陈（Chan，2008）[②]的研究中采用的量表，并结合校所联合培养的具体情况进行了修订。其中结构维度由4个题项构成，关系维度由3个题项构成，认知维度则包括6个题项。三个维度的测量皆采用从"完全不同意"（记1分）到"完全同意"（记5分）的Likert五点计分法。此外，由于联培项目中，博士生的社会资本主要有校方导师和院所导师两个最重要的来源，因此，在本研究中将联培博士生的社会资本区分为两类：校方社会资本和院所社会资本。

（4）数据处理分析工具。在本研究中采用统计软件SPSS 17.0进行基本数据处理与统计分析，主要使用了差异检验、相关分析等统计分析方法，并采用LISREL 8.70进行测量工具的验证性因素分析和变量间的结构方程模型分析，以进一步探明研究变量之间的确切关系。

[①] C.M.Chiu, M.H.Hsu and E.T.G.Wang, "Understanding Knowledge Sharing in Virtual Communities: An Integration of Social Capital and Social Cognitive Theories", *Decision Support Systems*, Vol.42, No.3, 2006, pp.1872-1888.

[②] W.S.Chow and L.S.Chan, "Social Network, Social Trust and Shared Goals in Organizational Knowledge Sharing", *Information & Management*, Vol.45, No.7, 2008, pp.458-465.

(三) 研究结果

1. 研究工具的信效度分析

根据样本数据，利用 LISREL 8.70 对各量表的因素模型进行验证性因素分析，分别对校所合作程度单因素模型、校所邻近性的四因素模型、社会资本的三因素模型的拟合性进行检验，作为检验各量表结构效度的标准。使用 SPSS 17.0 计算各量表的内部一致性系数和分半信度，作为衡量各量表信度的标准。验证性因素分析各项拟合指数、量表各维度及总量表的内部一致性系数和分半信度详见表 5-5。

一般验证性因素分析主要考虑以下几个指标：χ^2/df（卡方自由度比值）小于 5，NFI（比较假设模型与独立模型的卡方差异）、NNFI（考虑模型复杂度之后的 NFI）、CFI（假设模型与独立模型的非中央性差异）大于 0.90，RMSEA（比较理论模型与饱和模型的差距）在 0.1 左右[①]，达到这些标准表明各量表模型的各项拟合指数均达到较为理想的水平，假设模型对调查数据的拟合较好。从表 5-5 可知，校所合作程度单因子模型、校所邻近性四因子模型、社会资本量表三因子模型各项拟合指数均达到较为理想的标准，通过验证性因素分析的结果也反映了测量工具的结构效度良好。

使用 Cronbach α 系数和分半信度系数作为标准来检验校所合作程度、校所邻近性和社会资本量表的信度水平，分析发现，各量表及其各维度的信度系数在 0.808 到 0.975 之间，一般而言，当信度水平处于 0.70 到 0.90 之间时，量表很可信，而处于 0.90 以上时，

---

① 在很多研究中，指出 RMSEA 的值应当小于 0.08，但由于本研究具有探索性的性质，故而将标准放宽到 0.1 左右。

表 5-5 各量表的信效度检验

量表	维度	题量	α	分半信度	拟合指数
合作程度(α=0.876；分半信度=0.884)	招生	1	—	—	RMSEA=0.11；$\chi^2/df=2.4$；NFI=0.96；NNFI=0.96；CFI=0.98
	课程	1	—	—	
	论文选题	1	—	—	
	科研实践	1	—	—	
	学生管理	1	—	—	
	导师指导	1	—	—	
	论文开题、评审与答辩	1	—	—	
邻近性(α=0.856；分半信度=0.816)	地理邻近性	1	—	—	RMSEA=0.049；$\chi^2/df=1.3$；NFI=0.97；NNFI=0.99；CFI=0.99
	社会邻近性	3	0.872	0.874	
	认知邻近性	2	0.860	0.860	
	制度邻近性	3	0.829	0.808	
校方社会资本(α=0.953；分半信度=0.922)	校方导师结构维度	4	0.918	0.882	RMSEA=0.108；$\chi^2/df=2.25$；NFI=0.96；NNFI=0.97；CFI=0.98
	校方导师关系维度	3	0.857	0.886	
	校方导师认知维度	6	0.928	0.923	
院所社会资本(α=0.975；分半信度=0.958)	院所导师结构维度	4	0.963	0.929	RMSEA=0.108；$\chi^2/df=2.66$；NFI=0.97；NNFI=0.98；CFI=0.98
	院所导师关系维度	3	0.929	0.899	
	院所导师认知维度	6	0.954	0.950	

量表非常可信，因此，本研究中采用的测量工具具有比较好的稳定性和可靠性。

2. 各研究变量的描述性统计分析

对校所合作程度量表各项目均分的描述性统计可以看出（见表5-6），高校与工程院所在"课程"、"博士论文开题、评审与答辩"、"招生"三个环节的合作程度是最高的，但得分都在4分以下，一方面，这说明当前校所联培博士生工作中，它们是合作的主要内容；另一方面，虽然这些环节是合作的主要内容，但相对来说，校所合作程度仍然较低。"科研实践"和"导师指导"两个环节的合作程度中等，而在"博士论文选题"和"学生管理"两个环节得分是最低的。整体来说，在校所联培博士生项目中，校所双方在培养各环节的合作程度一般，很多工作多停留于单方面进行。

表5-6 校所合作程度量表各项目得分的描述性分析

题 项	M±SD	排 序
课程	3.63±1.04	1
博士论文开题、评审与答辩	3.62±1.03	2
招生	3.61±0.90	3
科研实践	3.52±0.95	4
导师指导	3.51±1.11	5
博士论文选题	3.44±1.03	6
学生管理	3.31±1.03	7

对校所邻近性量表各项目均分的描述性统计可以看出（见表5-7），高校与工程院所在认知邻近性两个维度上的得分是最高的，但得分都在4分以下；社会邻近的两个维度，"双方导师有科研合作的

经历"和"双方导师交流频繁"的得分次之;而制度邻近的三个维度、地理邻近以及社会邻近的一个维度"双方导师有合作培养研究生的经历"得分较低。整体来说,在校所联培博士生项目中,学科和知识领域上的邻近成为校所双方联合培养的重要出发点,负责联合培养博士生的具体校所导师之间有着较好的科研合作和个人关系,但是缺乏共同指导研究生的经历,地理邻近维度的得分反映出联培项目的参与单位多为同处于一个城市的高校和院所,而制度邻近上的得分差异,也与前文论述相一致,这与我国当前工程院所的特殊性质密切有关。

表5-7 校所邻近性量表各项目得分的描述性分析

题 项	M±SD	排 序
双方导师的研究领域相同或相近(认知邻近)	3.55±1.02	1
校方和院所方导师对我的博士研究课题非常了解(认知邻近)	3.51±1.04	2
在我读博之前,双方导师有科研合作的经历(社会邻近)	3.48±1.12	3
双方导师交流频繁(社会邻近)	3.45±1.03	4
校方和院所方的科研目标相似(制度邻近)	3.41±1.13	5
高校与院所方地理邻近(地理邻近)	3.32±1.04	6
在我读博之前,双方导师有合作培养研究生的经历(社会邻近)	3.28±1.21	7
校方与院所方研究生培养方法相似(制度邻近)	3.22±1.08	8
校方和院所方的科研氛围相似(制度邻近)	3.21±1.11	9

对联培博士生的校方社会资本和院所方社会资本量表各项目均分的描述性统计可以看出(见表5-8、表5-9),无论是联培博士生

的校方社会资本还是院所社会资本,在关系维度和认知维度得分都比较高,而在结构维度的得分与前两个维度的得分有较为明显的差距,这说明联培博士生与双方导师之间的联系频度和接近性程度较低,但博士生与双方导师在互动过程中能够建立起信任关系,且博士生与双方导师在科研工作中存在共同目标,对学术研究有共同理解并使用相同符号、语言等的程度较高。此外,通过对比联培博士生的校方社会资本和院所社会资本的得分情况,不难发现博士生的院所社会资本各个维度上的得分明显高于博士生的校方社会资本相对于维度的得分,这反映出当前校所联培项目中,更多的联培博士生的社会资本构建源于与院所导师之间的社会连接。

表5-8 校方社会资本量表各项目得分的描述性分析

题 项	M±SD	排 序
当我遇到困难时,校方导师愿意帮助我(关系)	3.98±0.47	1
我和校方导师对科研工作中的重点通常可以达成共识(认知)	3.91±0.42	2
在探讨学术问题时,我和校方导师使用相互能够理解的交流方式(认知)	3.89±0.44	3
校方导师的帮助使我的学习和科研工作更顺利(关系)	3.84±0.52	4
我和校方导师有很高的热情去实现课题组共同的科研目标和任务(认知)	3.80±0.56	5
只要我需要,我相信校方导师会帮助我(关系)	3.80±0.55	6
我能很快明白校方导师在论文或者课题报告中所描述的专业问题(认知)	3.79±0.45	7
我和校方导师有共同的科研理想和目标(认知)	3.70±0.48	8
我和校方导师使用相似的科研工具、术语、符号、方法等(认知)	3.66±0.54	9

第五章　邻近性、合作程度与联培博士生社会资本的关系

（续表）

题　项	M±SD	排　序
我和校方导师关系密切(结构)	3.45±0.57	10
我和校方导师私下关系很好(结构)	3.41±0.56	11
我和校方导师经常交流(结构)	3.36±0.54	12
我花很多时间和校方导师讨论(结构)	3.34±0.57	13

表5-9　院所社会资本量表各项目得分的描述性分析

题　项	M±SD	排　序
只要我需要,我相信院所导师会帮助我(关系)	4.08±0.80	1
在探讨学术问题时,我和院所导师使用相互能够理解的交流方式(认知)	4.03±0.78	2
当我遇到困难时,院所导师愿意帮助我(关系)	4.02±0.82	3
院所导师的帮助使我的学习和科研工作更顺利(关系)	3.98±0.90	4
我和院所导师使用相似的科研工具、术语、符号、方法等(认知)	3.98±0.87	5
我能很快明白院所导师在论文或者课题报告中所描述的专业问题(认知)	3.98±0.79	6
我和院所导师有很高的热情去实现课题组共同的科研目标和任务(认知)	3.97±0.92	7
我和院所导师对科研工作中的重点通常可以达成共识(认知)	3.96±0.83	8
我和院所导师有共同的科研理想和目标(认知)	3.94±0.84	9
我和院所导师关系密切(结构)	3.86±0.83	10
我和院所导师经常交流(结构)	3.83±0.93	11
我和院所导师私下关系很好(结构)	3.78±0.88	12
我花很多时间和院所导师讨论(结构)	3.77±0.89	13

3. 联合培养博士生特征对社会资本的影响

使用t检验和F检验考察性别、入学年份、入学方式、博士期间专业与之前专业、本科就读院校类型、硕士就读院校类型、博士论文选题来源、预期读博年限、开题与否、从事研究主要地点、论文发表要求等变量对联合培养博士生的两类社会资本的影响。研究表明在入学年份、博士期间专业与之前专业、本硕阶段的院校类型、开题与否、论文发表要求等变量上，博士生两类社会资本各个维度得分没有显著差异，但在性别、入学方式、选题来源、预期读博年限、从事研究主要地点5个变量上存在显著差异。

（1）性别变量对于校所联培博士生两类社会资本的影响。使用独立样本t检验考察博士生两类社会资本的性别差异，结果显示在博士生校方社会资本的三个维度皆不存在显著差异，相反，在院所社会资本三个维度皆存在显著差异（检验结果详见表5-10），男博士生得分显著高于女博士得分。

表5-10 联合培养博士生两类社会资本在性别上的差异（M ±SD）

变量	校方结构维	校方关系维	校方认知维	院所结构维	院所关系维	院所认知维
男	3.61 ±0.86	4.02 ±0.76	3.87 ±0.70	3.94 ±0.78	4.14 ±0.72	4.10 ±0.70
女	3.66 ±0.81	4.00 ±0.76	3.97 ±0.65	3.50 ±0.88	3.77 ±0.87	3.69 ±0.81
t	-0.287	0.154	-0.707	2.754**	2.460*	2.876**

注：* 表示 $p<0.05$；** 表示 $p<0.01$；*** 表示 $p<0.001$。

（2）入学方式对于校所联培博士生两类社会资本的影响。使用单因素方差分析检验博士生两类社会资本在博士生三类入学方式（本科直博、硕博连读、普通招考）上的差异，结果显示在博士生校方社会资本的三个维度皆不存在显著差异，相反，在院所社会资本三个维度皆存在显著差异（检验结果详见表 5-11）。LSD 事后检验表明，对于院所结构维度，普通招考博士生的得分（4.02 ±0.92）显著高于本科直博博士生的得分（3.52 ±0.95，p<0.01）与硕博连读博士生（3.59 ±0.81）的得分（p<0.05）；对于院所认知结构也出现了同样的结果，即普通招考博士生的得分（4.23 ±0.59）显著高于本科直博博士生的得分（3.60 ±0.92，p<0.001）和硕博连读博士生（3.75 ±0.69）的得分（p<0.01）；而对于院所关系维度，普通招考博士生的得分（4.18 ±0.59）显著高于本科直博博士生的得分（3.71 ±0.97，p<0.01），但与硕博连读博士生的得分（3.98 ±0.87）不存在显著差异。

表 5-11 联合培养博士生两类社会资本在入学方式上的差异（M ±SD）

变量	校方结构维	校方关系维	校方认知维	院所结构维	院所关系维	院所认知维
本科直博	3.78 ±0.79	4.05 ±0.75	3.96 ±0.66	3.52 ±0.95	3.71 ±0.97	3.60 ±0.92
硕博连读	3.46 ±1.00	3.90 ±0.98	3.78 ±0.70	3.59 ±0.81	3.98 ±0.87	3.75 ±0.69
普通招考	3.61 ±0.80	4.04 ±0.69	3.91 ±0.71	4.02 ±0.92	4.18 ±0.59	4.23 ±0.59
F	0.977	0.344	0.745	4.079**	3.416**	7.379***

注：* 表示 $p<0.05$；** 表示 $p<0.01$；*** 表示 $p<0.001$。

（3）选题来源对于校所联培博士生两类社会资本的影响。使用单因素方差分析检验博士生两类社会资本在博士生四类博士论文选题来源（校方导师课题、院所导师课题、双方导师合作课题、自拟选题）上的差异，结果显示在博士生两类社会资本的三个维度皆存在显著差异（检验结果详见表 5-12）。LSD 事后检验表明，对于校方结构维度，博士论文选题来源于校方导师课题的博士生的得分（4.05±0.75）显著高于源于院所导师课题博士生的得分（3.39±0.79，$p<0.001$）与自拟选题博士生的得分（2.98±0.97，$p<0.001$）。源于双方导师合作课题的博士生的得分（3.93±0.47）也同样显著高于院所导师课题博士生的得分（$p<0.001$）与自拟选题博士生的得分（$p<0.001$）。而院所导师课题博士生的得分与自拟选题博士生的得分不存在显著差异；

对于校方关系结构，选题来源于校方导师课题的博士生的得分（4.25±0.74）显著高于源于院所导师课题博士生的得分（3.94±0.76，$p<0.05$）与自拟选题博士生的得分（3.42±0.91，$p<0.001$）。源于双方导师合作课题的博士生的得分（4.14±0.48）显著高于自拟选题博士生的得分（$p<0.05$）。源于院所导师课题的博士生的得分也显著高于自拟选题博士生的得分（$p<0.05$）。

对于校方认知维度，选题来源于校方导师课题的博士生的得分（4.16±0.53）显著高于源于院所导师课题博士生的得分（3.71±0.76，$p<0.01$）与自拟选题博士生的得分（3.63±0.70，$p<0.05$）。源于双方导师合作课题的博士生的得分（4.13±0.40）显著高于源于院所导师课题博士生的得分（$p<0.05$）。

对于院所结构维度，源于院所导师课题博士生的得分（4.25±0.54）显著高于校方导师课题的博士生的得分（3.29±0.99，$p<0.001$）、自拟选题博士生的得分（3.57±0.69，$p<0.01$）和双方导师合作课题的博士生的得分（3.75±0.60，$p<0.05$），而后三者之间无显著差异。

对于院所关系维度，源于院所导师课题博士生的得分（4.40±0.57）显著高于校方导师课题的博士生的得分（3.60±0.93，$p<0.001$）和自拟选题博士生的得分（3.84±0.58，$p<0.05$），与双方

导师合作课题的博士生的得分（4.03±0.61）无显著差异，而后三者之间无显著差异。

对于院所认知维度，源于院所导师课题博士生的得分（4.37±0.47）显著高于校方导师课题的博士生的得分（3.52±0.92，$p<0.001$）、自拟选题博士生的得分（3.75±0.60，$p<0.01$）和双方导师合作课题的博士生的得分（3.94±0.51，$p<0.05$），而后三者之间无显著差异。

表 5-12 博士研究课题来源对联合培养博士生
两类社会资本的影响（M±SD）

变量	校方结构维	校方关系维	校方认知维	院所结构维	院所关系维	院所认知维
校方导师课题	4.05±0.75	4.25±0.74	4.16±0.53	3.29±0.99	3.60±0.93	3.52±0.92
院所导师课题	3.39±0.79	3.94±0.76	3.71±0.76	4.25±0.54	4.40±0.57	4.37±0.47
双方导师合作课题	3.93±0.47	4.14±0.48	4.13±0.40	3.75±0.60	4.03±0.61	3.94±0.51
自拟选题	2.98±0.97	3.42±0.91	3.63±0.70	3.57±0.69	3.84±0.58	3.75±0.60
F	9.182[***]	4.177[**]	4.688[**]	13.950[***]	10.219[***]	13.569[***]

注：[*] 表示 $p<0.05$；[**] 表示 $p<0.01$；[***] 表示 $p<0.001$。

（4）预期读博年限对联合培养博士生两类社会资本的影响。使用单因素方差分析检验博士生两类社会资本在博士生不同预期读博年限上的差异，结果显示只有博士生校方社会资本中的关系维度和认知维度存在显著差异（详见表5-13）。

表5-13 预期读博年限对联合培养博士生
两类社会资本的影响（M ±SD）

变量	校方结构维	校方关系维	校方认知维	院所结构维	院所关系维	院所认知维
3年	3.86 ±0.78	4.13 ±0.70	4.07 ±0.60	4.06 ±0.87	4.40 ±0.54	4.33 ±0.55
4年	3.55 ±0.85	4.09 ±0.77	3.97 ±0.66	3.88 ±0.74	4.01 ±0.75	4.03 ±0.68
5年	3.59 ±0.81	3.96 ±0.76	3.82 ±0.68	3.64 ±0.90	3.88 ±0.92	3.75 ±0.85
6年以上	3.25 ±1.28	3.48 ±1.03	3.33 ±1.08	3.70 ±0.45	4.04 ±0.78	3.83 ±0.84
F	1.369	1.589	2.596	1.666	3.229*	3.857*

注：* 表示 $p<0.05$；** 表示 $p<0.01$；*** 表示 $p<0.001$。

LSD事后检验表明，预期读博年限为3年的博士生在院所关系维度上的得分（4.40 ±0.54）显著高于预期年限为4年的博士生的得分（4.03 ±0.68，$p<0.05$）、预期年限为5年的博士生的得分（3.75 ±0.85，$p<0.01$）和预期年限为6年以上的博士生的得分（3.83 ±0.84，$p<0.05$）。而在院所认知维度，只有预期读博年限为3年的博士生的得分（4.33 ±0.55）显著高于预期年限为5年的博士生的得分（3.75 ±0.85，$p<0.001$）。

（5）从事研究主要地点对联合培养博士生两类社会资本的影响。使用单因素方差分析检验博士生两类社会资本在博士生主要从事研究的不同地点（校方、院所、双方）上的差异，结果显示博士生两类社会资本的三个维度皆存在显著差异（检验结果详见表5-14）。LSD事后检验表明，对于校方结构维度，主要在校方从事研究的博士生得分（4.01±0.78）显著高于主要在院所从事研究的博士生得分（3.28±0.81，p<0.001），主要在双方都从事研究的博士生得分（3.85±0.85）同样显著高于主要在院所从事研究的博士生得分（p<0.05）；对于校方关系维度，主要在校方从事研究的博士生得分（4.23±0.81）显著高于主要在院所从事研究的博士生得分（p<0.01）；对于校方认知维度，主要在校方从事研究的博士生得分（4.19±0.56）显著高于主要在院所从事研究的博士生得分（p<0.001）；对于院所结构维度，主要在院所从事研究的博士生得分（4.12±0.62）显著高于主要在校方从事研究的博士生得分（3.38±1.00，p<0.001）；对于院所关系维度，主要在院所从事研究的博士生得分（4.32±0.59）显著高于主要在校方从事研究的博士生得分（3.62±0.93，p<0.001）；而对于院所认知维度，主要在院所从事研究的博士生得分（4.27±0.56）同样显著高于主要在校方从事研究的博士生得分（3.59±0.90，p<0.001）。

表5-14 从事研究主要地点对联合培养博士生两类社会资本的影响（M±SD）

变量	校方结构维度	校方关系维度	校方认知维度	院所结构维度	院所关系维度	院所认知维度
校方	4.01±0.78	4.23±0.81	4.19±0.56	3.38±1.00	3.62±0.93	3.59±0.90
院所	3.28±0.81	3.84±0.75	3.65±0.75	4.12±0.62	4.32±0.59	4.27±0.56
双方	3.85±0.85	4.19±0.53	3.99±0.29	3.62±0.52	4.00±0.60	3.85±0.57
F	11.499***	3.786*	8.634***	11.740***	11.604***	11.906*

注：* 表示 p<0.05；** 表示 p<0.01；*** 表示 p<0.001。

4. 校所邻近性、合作程度与联培博士生社会资本的相关分析

使用 SPSS 17.0 对校所间的邻近性、校所联合培养博士生合作程度以及博士生的两类社会资本的关系进行相关分析,结果见表 5-15。

相关分析表明,校所邻近性的四个维度中,除了地理邻近性之外,制度邻近性、社会邻近性与认知邻近性与校所联培的合作程度呈现出极其显著的正相关,相关系数在 0.40 以上（$p<0.001$）,且除了地理邻近之外,上述三个邻近性维度与联培博士生校方社会资本、院所社会资本的各个维度呈现显著正相关;校所联培的合作程度与联培博士生校方社会资本、院所社会资本的各个维度也呈现显著正相关。

5. 研究变量关系的结构方程模型

在对多变量关系的研究中,传统的回归分析方法存在很大的局限性,因此本研究采用结构方程模型（Structure Equation Modeling, SEM）技术对研究变量间的关系进行检验,考察校所之间邻近性、合作程度对于博士生社会资本的影响效应及其效应的实现路径。采用结构方程模型分析的两阶段方法,第一阶段主要是确定因素结构的拟合性,即首先进行一个带有 5 个具有相关因素的验证性因素分析。验证性因素分析的模型拟合指数为：$\chi^2/df = 1.38$（达到小于 5 的标准）,NNFI = 0.98、CFI = 0.99、NFI = 0.96（三个指标值皆达到大于 0.90 的标准）,RMSEA = 0.055（达到小于 0.1 的标准）,说明统合模型与数据拟合得非常好,可以进行第二阶段结构方程模型的估计。第二阶段是结构方程模型的估计,建构研究变量之间关系的结构方程模型,模型及其检测结果详见图 5-6。

第五章 邻近性、合作程度与联培博士生社会资本的关系

表 5-15 研究变量间的相关矩阵

序号	变量	1	2	3	4	5	6	7	8	9	10	11
1	合作程度	1										
2	制度邻近	0.487***	1									
3	社会邻近	0.404***	0.469***	1								
4	认知邻近	0.437***	0.487***	0.759***	1							
5	地理邻近	0.009	−0.069	0.007	−0.015	1						
6	校方结构	0.423***	0.497***	0.383***	0.472***	−0.081	1					
7	校方关系	0.383***	0.386***	0.389***	0.476***	0.013	0.673***	1				
8	校方认知	0.431***	0.507***	0.424***	0.525***	−0.107	0.764***	0.843***	1			
9	院所结构	0.335***	0.225*	0.342***	0.393***	0.171	0.056	0.118	0.109	1		
10	院所关系	0.348***	0.230**	0.321**	0.458***	0.111	0.041	0.167	0.119	0.799***	1	
11	院所认知	0.362***	0.310**	0.438***	0.540***	0.114	0.106	0.285*	0.237*	0.851***	0.874***	1

注:* 表示 $p<0.05$;** 表示 $p<0.01$;*** 表示 $p<0.001$。

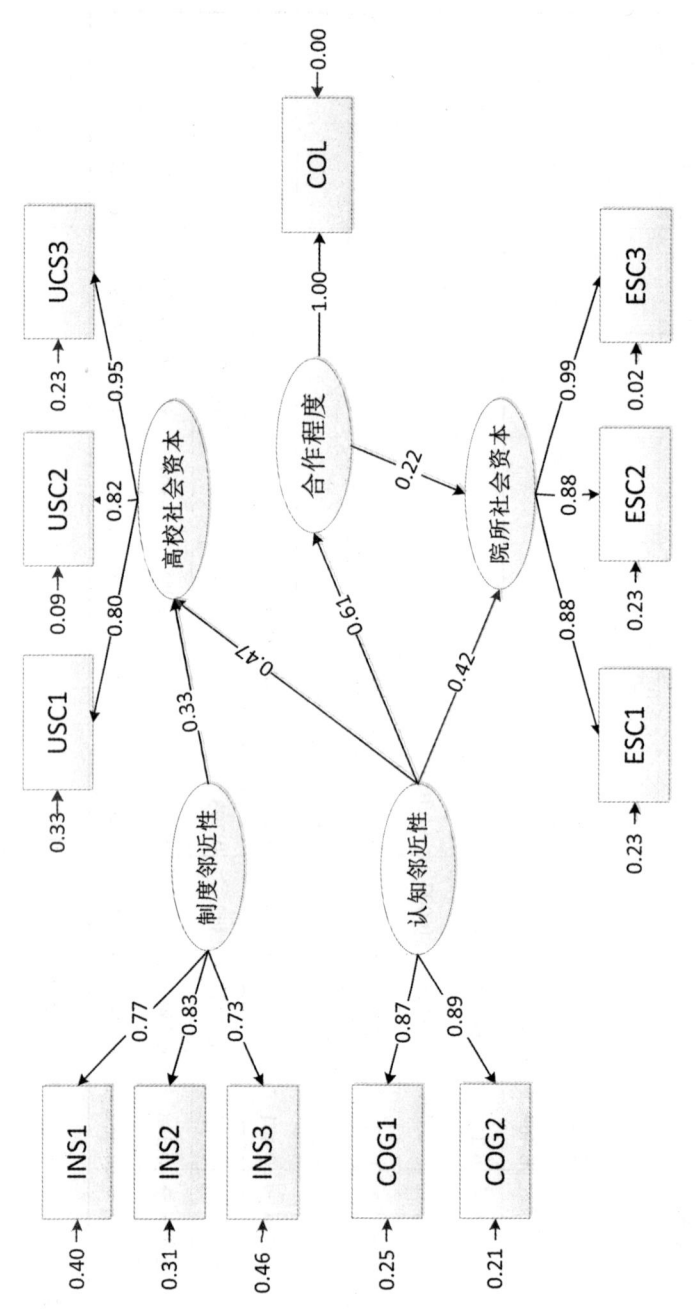

图 5-6 结构方程模型分析结果

第五章 邻近性、合作程度与联培博士生社会资本的关系

结构方程模型绝对拟合指标为：$\chi^2/df = 1.51$，NNFI = 0.98，CFI = 0.98，NFI = 0.95，RMSEA = 0.064。进一步考察模型的参数估计值，发现地理邻近性、社会邻近性与校所合作程度、博士生两类社会资本的关系路径系数均不显著；认知邻近性恰恰相反，与校所合作程度以及博士生两类社会资本的关系路径系数均达到显著；制度邻近性与校方社会资本的路径系数显著，与校所合作程度以及院所导师社会社会资本的路径系数不显著；而合作程度与院所社会资本的路径系数显著，与校方社会资本的路径系数不显著。采取逐步删除不显著路径的方法来修正模型，从最不显著的路径逐步进行删除。在删除不显著路径之后，各项拟合指数：$\chi^2/df = 1.52$，NNFI = 0.98，CFI = 0.98，NFI = 0.95，RMSEA = 0.064 均达到标准，说明模型拟合良好。

从图5-6中可以看出，各研究变量的路径关系中，只有5条路径是显著的，制度邻近性与认知邻近性，尤其是认知邻近性与校所双方的合作程度、联培博士生的校方社会资本、院所社会资本存在密切的关系。认知邻近性对校所合作程度、联培博士生两类社会资本的直接效应显著，即可以正向预测高校与工程院所的合作程度和联培博士生的校所导师两类社会资本，其中，在认知邻近性与联培博士生院所社会资本的关系中，校所合作程度起到了中介作用。制度邻近性仅对校方社会资本存在正向预测作用，对校所合作程度和博士生的院所社会资本不存在直接效应，H1a，H1b部分得证。校所合作程度仅对博士生院所社会资本有正向直接效应，对博士生校方社会资本直接效应不显著，H1c部分得证。5个潜变量（Latent Variables）之间的路径系数及显著性检验见表5-16。根据表11中的数据，认知邻近性对校所合作程度的直接效应中介效应值为0.61，对博士生院所社会资本的直接效应值为0.42，而校所合作程度对博士

生院所社会资本的直接效应值为 0.22，因此认知邻近性、校所合作程度及博士生院所社会资本三者关系模型的中介效应值为 0.61×0.22=0.13，总效应值为 0.42+0.13=0.55，中介效应占总效应的比例是 0.13/0.55=23.64%。

表 5-16 潜变量间路径系数及显著性检验

路径	标准化路径系数	t 值
制度邻近性→校方社会资本	0.33	3.15**
认知邻近性→校所合作程度	0.61	7.19***
认知邻近性→校方社会资本	0.47	4.39***
认知邻近性→院所社会资本	0.42	3.90***
校所合作程度→院所社会资本	0.22	2.21*

注：* 表示 p<0.05；** 表示 p<0.01；*** 表示 p<0.001。

（四）讨论与小结

在上文中，本研究使用典型案例访谈的方法对当前我国校所联培实践过程中呈现的典型培养模式进行了探索，并利用社会网络的整合理论对这些模式的网络结构以及社会资本获取特征进行了深入分析，并进一步对各种模式之下校所在博士生培养各环节的合作程度进行了分析总结。博士生培养各环节的合作程度和组织层面的邻近性因素构成了校所联培博士生科技人力资本发展的重要外部条件。在案例研究的基础上，本研究进一步采用问卷调查的方式对校所邻近性、双方在各培养环节的合作程度以及博士生来源于高校和工程院所的两类社会资本的关系进行了验证。

研究结果表明，制度邻近性只对博士生的校方社会资本产生正向直接效应，校所制度邻近性是指，参与到联合培养博士生实践中

第五章 邻近性、合作程度与联培博士生社会资本的关系

的高校和工程院所双方在博士生培养规则、价值取向、动机等方面的相似性。这说明,当高校和工程院所在科研环境、氛围、科研目标、博士生培养方法上相似时,联培博士生将能够获取更多的校方社会资本,而院所社会资本的获取则不受影响。原因可能在于大部分参与调查的博士生都在院所方从事研究,课题多依托于院所工程实践项目,因此,如果高校和工程院所之间的制度邻近程度越大时,博士生能够从校方获取有效资源、信息的程度也才会越大,这也可能反映出高校方更期望通过合作以共享或开发复杂知识(Balland,2012)。认知邻近性,对校所双方的合作程度、联培博士生的校方社会资本、院所社会资本存在显著的正向效应,这与之前的研究结果相似,原因在于缺乏共同的知识基础将会阻碍合作各方的有效交流和理解,也不利于信任关系的建立(Salimi,2014),具体到联合培养项目当中,如果双方导师有着相似的知识基础,将使得双方更容易找到合作契合点,在博士生培养过程中,双方都能够提供更有效的指导,能够提供更多的资源,对于研究的目标、进展等能有更好的把握。

与以往研究结论不一致的是,本研究并未发现社会邻近对校所合作程度以及博士生社会资本存在显著正向效应,这可能说明在大多数联合培养项目中,校所双方导师当前的合作并非一种自然自发行为,因此前期的科研、人才培养等方面的合作经历并未起到作用。本研究也未发现地理邻近对校所合作程度以及博士生社会资本的作用。其实在学界关于地理邻近性与组织合作的关系研究中,也有不少研究者对地理邻近对于合作的影响提出了质疑,他们的主要观点是:组织机构只是简单地处于"同一地域"并不是形成合作的先决条件,也不是充分条件(Boschma,2005),例如,一些科学家尽管双方单位地理距离非常遥远,但是由于他们有共同的知识之处、学

科语言和动力，他们很容易地就开展了合作。在诸如高校与企业、高校与政府等异质性机构之间的合作中，合作障碍往往源自于兴趣、目标冲突或者源于缺乏制度邻近而导致的差异性，因此，为了克服这些问题，需要建立互信，才能确保合作成效，而互信的建立与地理邻近高度相关，因为地理邻近确保了频繁的互动和面对面的交流（Ponds，2007），按照博斯玛（2005）的说法，地理邻近性需要在其他邻近性条件缺乏的情况下，发挥的作用才是最有效的。

合作程度对于院所社会资本的直接效应显著，但对于校方社会资本的直接效应不显著。原因可能在于与工程院所相比，人才培养是高校的首要职能，在很多人才培养资源、信息方面存在较大的开放性和可获取性，相较而言，工程院所首要任务并非人才培养，尤其在大多数工程院所在转制之后所具备的企业性质使得其可用于人才培养的资源、条件等具有专有性和非开放性，且很多工程院所具有保密单位的性质。这就不难解释，当高校与工程院所之间如果没有实质性的连接和合作时，博士生将很难获取源自于工程院所的资源、信息，从而影响到其院所方社会资本的构建与发展。

通过本章中的质性研究和量化研究，本研究从组织邻近性、社会网络结构、组织间合作程度等角度对校所联培博士生科技人力资本发展的外部环境条件进行了解析，并通过实证研究探索了邻近性中的具体维度、校所在联合培养博士生项目各环节的合作程度与博士生科技人力资本的要素之一——社会资本的关系。其实不难发现，社会资本在校所联培博士生科技人力资本发展机制中扮演了外部环境条件与内部互动模型关系之间的"桥梁"作用。在下一章节，本研究将探索博士生科技人力资本内部要素，即博士生社会资本、心理资本、创新能力之间的互动关系。

第六章 博士生社会资本、心理资本与创新能力的关系研究

研究生教育具有高等教育的本质属性,即培养高级专门人才的社会活动,但是它又与专科、本科等阶段的高等教育活动存在明显的差异,研究生教育更加突出专业性、研究性和创造性,而博士生培养作为高校教育最高端,更加强调人才创新能力的培养。然而,国内一系列实证调研都较为一致地指出当前我国研究生,尤其是博士生创新能力明显不足(吴宏翔,2005;袁本涛、延建林,2009)。因此,博士生创新能力的培养和提升无疑是当前我国研究生教育实践和研究的核心任务。围绕着提升博士生创新能力、实践能力,加强博士生教育与社会、行业需求的相关性,很多国家或区域性层面的政策、举措纷纷强调高校与企业、院所等机构间通过博士生联合培养的方式,以培养博士生具备更广阔的研发视角以及在解决现实问题过程中的创新、创造能力(Thune,2006)。我国教育部于2010年4月启动了高等学校和工程研究院所联合培养博士研究生(以下简称"校所联培")试点工作,以充分利用高等学校和科研机构在功能和资源等方面的优势,实现战略合作,从而实现提高高层次拔尖创新人才培养能力和科技创新能力的根本目的。

联培项目对于构建和维持大学和科研院所之间的网络连接至关重要,它降低了高校与院所在获取彼此异质性资源时的交易成本

(Mora-Valentin et al.,2004),而在联培项目内部,来自高校与科研院所的异质性资源整合则依赖于博士生与其不同导师之间社会连接的搭建(Thune,2010)。联培项目在网络连接和校所异质性资源的获取隐含着一个重要意义,即作为校所连接节点的博士生社会资本的构建。学者们一直致力于研究和解释个体社会资本对于一系列组织行为和组织现象的影响,其中不乏众多围绕社会资本与个体创新能力之间的关系的实证研究。例如佩里-史密斯和莎莉(2003)的研究探索了个体社会关系与创新能力之间的联系,他们的研究发现个体网络位置对于创新能力有明显的促进或抑制作用。佩里-史密斯(2006)进一步发现关系强度对提升科研人员创新能力具有重要作用。在研究生教育研究领域,吴剑琳等人(2014)发现导师自主性支持显著影响研究生的创新能力,张雁冰等人(2014)发现研究生的三类主要的社会网络:导师网络、同学网络与外部专家网络皆正向影响研究生的创新能力。

博士教育作为高等教育的最高层次,博士生们面对着来自科研攻关、创新、就业及生活等各方面的挑战和压力,心理资本作为博士生个体有效应对各种挑战进而促进自身可持续发展的一种重要资源,越来越被教育界所重视(许海元,2015)。与传统博士生培养不同,联培在培养方式和组织方式等方面发生了变化,在跨组织边界的情境下,博士生们需要面对不同的组织文化、氛围、目标,这些给博士生在一定程度上带来了困惑和挑战,这就更需要博士生们自信地做出应对(Avey et al.,2008)。国内研究者指出影响心理资本形成的因素不仅包括个体自身的生理与心理特征,而且包括环境方面的影响因素,如家庭、同辈群体、组织、社区,甚至是亚文化或整体文化环境等(王雁飞、朱瑜,2007)。在高等教育研究领域,学者们不断发现社会资本与具体心理资本维度之间关系(朱高侠等,

2014；韩黎、李茂发，2014；李旭、2015；郑雯，2009），因此，可以推断出博士生社会资本是其心理资本的重要预测变量。近年来，大量的实证研究关注了职场人员的心理资本与其创新能力的关系，并较为一致地发现了心理资本对创新能力的重要正向影响（赵斌等，2012；侯二秀等，2012；Abbas and Raja，2015），即有较高心理资本的个体会体现出更多的创新行为，在工作中会更多地产生和执行新的想法或者为新想法寻求外在支持。在高等教育研究中，心理资本能够促进大学生自身潜能发挥，增强竞争优势和幸福感，柯江林和郭蕾（2013）的研究发现大学生心理资本对创新行为变量的解释力达到近50%，此外，心理资本会影响到博士生学习和参与科研项目的具体态度和行为，进而影响到其科学技术知识、能力等方面的储备（Luthans et al.，2008）。

校所联合培养项目是对博士生教育体制、机制、支撑环境、国家投入等多方面的创新性尝试。试点项目已开展了6年时间，在群体案例研究的基础上（马永红等，2014），已从组织层面对联培项目的合作方式、目标定位等进行了探索（刘贤伟、马永红，2015；刘贤伟等，2016），博士生作为高校与工程院所之间知识生产与转移的"桥梁"和能动主体，研究仍需进一步深入了解校所联培所形成的新学术、科研网络连接对博士生创新能力提升的影响，以及在这一过程中，博士生个体内在的积极心理的重要作用。基于此，本研究将检验社会资本对联培博士生创新能力的影响，以及联培博士生心理资本在社会资本与其创新能力关系中的中介作用，以期为联培工作的完善和发展提供实证依据。

(一) 研究设计

1. 研究样本

本研究使用问卷调查的方式采集研究数据,本研究选取北京大学、清华大学、北京航空航天大学、北京林业大学、中国石油大学 5 所高校与 10 所工程院所开展的 10 个联合培养项目的博士生作为调查对象。通过上述高校的研究生院共发放问卷 200 份,回收问卷 186 份,其中有效问卷 176 份。本研究所调查的校所联合培养项目开展时间较早,所代表的学科领域广泛,因此,所选取样本有较好的代表性。被试基本信息详见附录。

2. 研究工具

(1) 社会资本的测量。社会资本三个维度的测量参考赵等人(2008) 以及周和陈(2006) 的研究中采用的量表,并结合校所联合培养的具体情况进行了修订。量表具体介绍详见本书第五章。

(2) 心理资本的测量。根据近年来学界对心理资本的理论和实证研究(Luthans et al., 2005; Luthans et al., 2004),本研究参考了路桑斯等人对于心理资本的定义和测量方法,将校所联培博士生的心理资本定义为:校所联培博士生个体一般积极性的核心心理要素,具体表现为符合积极学习、科研、学术实践行为标准的心理状态,它超出了人力资本和社会资本,并能够通过有针对性地投入和开发而使博士生个体在校所合作情景以及未来学术发展中获取竞争优势。心理资本一般被区分为四个维度,分别是自我效能、希望、韧性和乐观,在本研究中将继续沿用这一经典的心理资本维度划分,对路桑斯等人开发的心理资本量表根据联培实践进行改造和修订,进而对联培博士生的心理资本进行测量。其中,联培博士生自我效能是指在一定的条件下执行特定任务时,对于自己能够激发动机、认知资源、采取行动最终获得成功的能力有着强烈的信心;希望是由目标、精力和途径三个方面相互作用而形成的一种动机状态;韧性是指在面对重大的风险或困境时的积极应对或适应能力;乐观是指个体把好的事件归因于内部、持久、普遍深入的原因,把坏的事件归因于外部、暂时和特定情景中的原因的积极解释风格(Avey et al., 2008)。校所联培博士生心理资本量表由 24 个题项构成,每个维度由 4 个题项构成,采用从"完全不同意"(记 1 分)到"完全同意"(记 5 分)的 Likert 五点计分法。

(3)创新能力的测量。克莱森和斯特雷特(2001)的研究认为个体创新能力表现在探寻机遇、生成想法、形成调查、拥护、应用 5 个阶段,我国一些学者检验了在中国情境下克莱森和斯特雷特五阶段观点的普适性,结果一致认为在中国情境下,个体的创新能力可以归纳为两个方面:产生创新构想的能力和执行创新构想的能力(卢小君、张国梁,2008;顾远东、彭纪生,2010)。参考国内研究,博士生的创新能力可以定义为:博士生在学习、研究过程中,产生创新构想或问题解决方案,并努力将之付诸实践的行为,包括产生和执行创新构想两个阶段的各种行为表现,其中,产生创新构想的能力是指博士生个体为了科研实践中的研究、技术、产品、工作流程等的提升广泛地探寻机会,针对这些机会生成构想或方案,并对它们的可行性进行检验等的能力表现;执行创新构想的能力是指个体为了实现创新构想,积极调动学术或科研资源、说服及影响学术网络中其他人支持创新、敢于挑战与冒险,以及通过个人努力使创新常规化并成为日常学习、科研和工作的一个部分等能力的表现。本研究对上述博士生创新能力 2 个维度的测量参考克莱森和斯特雷特(2001)研究中采用的量表,并结合校所联合培养的具体情况进行了改造和修订，量表共由 14 个题项构成，每个维度由 7 个题项构成，2 个维度的测量皆采用从"完全不同意"（记 1 分）到"完全同意"（记 5 分）的 Likert 五点计分法。

（4）数据处理工具。在本研究中采用统计软件 SPSS 17.0 进行基本数据处理与统计分析，主要使用了差异检验、相关分析等统计分析方法，并采用 LISREL 8.70 进行测量工具的验证性因素分析和变量间的结构方程模型分析，以进一步探明研究变量之间的确切关系。

（二）研究结果

1. 研究工具的信效度分析

根据样本数据，利用 LISREL 8.70 对各量表的因素模型进行验证性因素分析，对心理资本四因素模型、创新能力的两因素模型、社会资本的三因素模型的拟合性进行检验，作为检验各量表结构效度的标准。使用 SPSS17.0 计算各量表的内部一致性系数和分半信度，作为衡量各量表信度的标准。验证性因素分析因子载荷、各项拟合指数、量表各维度及总量表的内部一致性系数和分半信度，详见表 6-1。

根据结构方程模型研究专家们的观点，一般验证性因素分析主要考虑以下几个指标：χ^2/df（卡方自由度比值）小于 5，NFI（比较假设模型与独立模型的卡方差异）、NNFI（考虑模型复杂度之后的 NFI）、CFI（假设模型与独立模型的非中央性差异）大于 0.90，RMSEA 值（比较理论模型与饱和模型的差距）在 0.1 左右，达到这些标准表明各量表模型的各项拟合指数均达到较为理想的水平，假设模型对调查数据的拟合较好。从表 6-1 可知，心理资本量表四因素模型、创新能力量表的两因素模型、社会资本量表三因素模型各项拟

表 6-1 各量表的信效度检验

量表	维度	题量	α	分半信度	拟合指数
博士生创新能力（α=0.944；分半信度=0.933）	产生创新构想能力	7	0.907	0.882	RMSEA=0.091；$\chi^2/df=2.62$；NFI=0.94；NNFI=0.96；CFI=0.96
	执行创新构想能力	7	0.888	0.864	
博士生心理资本（α=0.934；分半信度=0.912）	自我效能	6	0.874	0.850	RMSEA=0.096；$\chi^2/df=2.42$；NFI=0.91；NNFI=0.92；CFI=0.93
	希望	6	0.777	0.737	
	韧性	6	0.824	0.777	
	乐观	6	0.887	0.866	
校方社会资本（α=0.953；分半信度=0.922）	校方结构维度	4	0.918	0.882	RMSEA=0.108；$\chi^2/df=2.25$；NFI=0.96；NNFI=0.97；CFI=0.98
	校方关系维度	3	0.857	0.886	
	校方认知维度	6	0.928	0.923	
院所社会资本（α=0.975；分半信度=0.958）	院所结构维度	4	0.963	0.929	RMSEA=0.108；$\chi^2/df=2.66$；NFI=0.97；NNFI=0.98；CFI=0.98
	院所关系维度	3	0.929	0.899	
	院所认知维度	6	0.954	0.950	

合指数均达到较为理想的标准，通过验证性因素分析的结果也反映了测量工具的结构效度良好。使用 Cronbach α 系数和分半信度系数作为标准来检验校所合作程度、校所邻近性和社会资本量表的信度水平，分析发现，各量表及其各维度的信度系数在 0.727 到 0.963 之间，一般而言，当信度水平处于 0.70 到 0.90 之间时，量表很可信，而处于 0.90 以上时，量表非常可信，因此，本研究中采用的测量工具具有比较好的稳定性和可靠性。

2. 各研究变量的描述性统计分析

对博士生创新能力量表各题项的均分进行描述性统计可以看出（详见表6-2），所调查的联培博士生在执行创新构想的能力维度的三个题项上得分最高，这三个题项主要关于在学习和研究中，尝试有益的改变、获取资源、新构想的运用，这些执行能力与博士生的学习、研究工作密切有关，也是完成博士学业所需具备的能力，而得分最低的三个题项也是执行创新构想的能力维度的题项，主要关于博士生个体与所在学术网络中的导师、同学等沟通交流新想法的能力以及规划新想法的能力，得分都在4分以下，这在一定程度上反映了所调查的联培博士生个体在人际沟通、交流和计划方面存在一定的不足。产生创新构想的能力维度各题项的得分基本上都在4分以上，这说明所调查的联培博士生是具备较好的产生创新想法的能力和潜力的。

表6-2 博士生创新能力量表各项目得分的描述性分析

题 项	M±SD	排 序
在学习和研究中,我会尝试可能产生益处的改变(执行)	4.16±0.64	1
为了实现新想法,我会想办法获取所需的学术、科研资源(执行)	4.13±0.55	2
我会将改善研究效果的新构想或新方法具体应用到日常研究中(执行)	4.09±0.68	3
在学习和研究中,我会寻求机会改善现有的技术、流程(产生)	4.08±0.58	4
我尽可能地让自己的研究有优于别人的地方(产生)	4.08±0.53	5
学习和研究中遇到问题时,我会从不同的角度来看待和思考(产生)	4.06±0.66	6

第六章　博士生社会资本、心理资本与创新能力的关系研究

(续表)

题　项	M±SD	排　序
当新方法应用于研究流程、技术、产品时,我会设法修正新方法所产生的毛病(执行)	4.06±0.62	7
在学习和研究中,我会去尝试新的构想或方法(产生)	4.06±0.56	8
在学习和研究中,我会去检验新构想或方法的优缺点(产生)	4.04±0.65	9
在学习和研究中,我会产生一些有创意的点子或问题解决方案(产生)	4.02±0.71	10
我会去注意学习、研究以及实践中不常出现的一些问题(产生)	3.99±0.65	11
我会主动向导师或课题组沟通新构想或新方法,使其有机会被实行(执行)	3.97±0.67	12
我会尝试说服导师或课题组其他人了解新构想或新方法的重要性(执行)	3.90±0.72	13
我会制定周详的规划和安排来落实我的新想法(执行)	3.88±0.71	14

对博士生心理资本量表各项目均分的描述性统计结果可以看出(详见表6-3),校所联培博士生在自我效能维度得分较高,皆在4分以上,这在一定程度上反映出所调查的联培博士生在校所联合培养环境下进行学习、科研,相信自己能够激发内在动机和认知资源,并积极采取行动达成自己的学习目标;而在韧性维度和乐观维度的多个题项得分也比较靠前,这也反映出在博士生期间面对来自各方面的压力以及在学习、科研项目攻关、工程实践中面对的各种问题和挑战时,尤其需要一种能够积极应对、适应和处理的能力并形成对外部事件的合理归因方式。而对于希望维度,多个题项得分都在4分以下,这反映出在校所联合培养情境下,博士生的学业目标、个

人精力以及路径规划等方面所形成的动机在一定程度上不够清晰、明确，对未来缺乏掌控感。

表 6-3　博士生心理资本量表各项目得分的描述性分析

题项	M±SD	排序
开会讨论时，我能自信地陈述自己研究范围之内的事情（自我效能）	4.18±0.54	1
当学习和研究不顺利时，我认为是暂时的和有办法解决的（乐观）	4.17±0.58	2
我相信自己对课题进展的讨论有贡献（自我效能）	4.14±0.53	3
我相信自己能够与课题组外部的人有效沟通（自我效能）	4.136±0.56	4
在研究中如果不得不去做，可以说，我也能独立应战（韧性）	4.13±0.60	5
我相信自己能够向一群同学或研究人员陈述信息（自我效能）	4.10±0.56	6
对我的学习、研究未来会发生什么，我是乐观的（乐观）	4.07±0.70	7
学习、研究时，我总相信"黑暗的背后就是光明，不用悲观"（乐观）	4.06±0.73	8
在我的研究范围内，我相信自己能够协助导师设定目标（自我效能）	4.06±0.70	9
任何问题都有很多解决方法（希望）	4.05±0.76	10
在学习和研究中，当遇到不确定的事情时，我通常期盼好的结果（乐观）	4.04±0.66	11
因为以前经历过磨砺，所以我现在能挺过学习和研究中的困难时期（韧性）	4.04±0.61	12
在学习和研究中，我无论如何都会去解决遇到的难题（韧性）	4.04±0.60	13

第六章 博士生社会资本、心理资本与创新能力的关系研究

（续表）

题 项	M±SD	排 序
目前,我正在实现我为自己设定的学习和研究目标(希望)	4.03±0.69	14
相信自己能分析长远的问题并找到解决方案(自我效能)	4.02±0.63	15
在学习和研究中遇到挫折时,我能很快恢复过来并继续前进(韧性)	3.96±0.78	16
对自己的学习和研究,我总是看到光明的一面(乐观)	3.91±0.85	17
我能想出很多办法来摆脱学习和研究中遇到的困境(希望)	3.91±0.77	18
目前,我在精力饱满地完成自己的学习和研究目标(希望)	3.90±0.88	19
我能想出很多办法来实现我目前的学习和研究目标(希望)	3.90±0.70	20
在我目前的学习和研究中,我能同时处理很多事情(韧性)	3.89±0.78	21
我通常对学习和研究中的压力能泰然处之(韧性)	3.88±0.81	22
在我目前的学习和研究中,事情像我希望的那样发展(乐观)	3.80±0.81	23
目前我认为自己在学习和科研方面是成功的(希望)	3.62±0.87	24

对联培博士生的校方社会资本和院所社会资本量表各项目均分的描述性统计可以看出（见表6-4、表6-5），无论是联培博士生的校方社会资本还是院所社会资本，在关系维度和结构维度得分都比较高，而在结构维度的得分与前两个维度得分有较为明显的差距，这说明联培博士生与双方导师之间的联系频度和接近性程度较低，但博士生与双方导师在互动过程中是能够建立起信任关系，且博士

生与双方导师在科研工作中存在共同目标,对事物有共同理解并使用相同符号、语言等程度较高。此外,通过对比联培博士生的校方社会资本和院所社会资本的得分情况,不难发现博士生的院所社会资本各个维度上的得分明显高于博士生的校方社会资本相对于维度的得分,这反映出当前校所联培项目中,更多的联培博士生的社会资本构建源于与院所导师之间的社会连接。

表6-4 校方社会资本量表各项目得分的描述性分析

题 项	M±SD	排 序
当我遇到困难时,校方导师愿意帮助我(关系)	3.98±0.47	1
我和校方导师对科研工作中的重点通常可以达成共识(认知)	3.91±0.42	2
在探讨学术问题时,我和校方导师使用相互能够理解的交流方式(认知)	3.89±0.44	3
校方导师的帮助使我的学习和科研工作更顺利(关系)	3.84±0.52	4
我和校方导师有很高的热情去实现课题组共同的科研目标和任务(认知)	3.80±0.56	5
只要我需要,我相信校方导师会帮助我(关系)	3.80±0.55	6
我能很快明白校方导师在论文或者课题报告中所描述的专业问题(认知)	3.79±0.45	7
我和校方导师有共同的科研理想和目标(认知)	3.70±0.48	8
我和校方导师使用相似的科研工具、术语、符号、方法等(认知)	3.66±0.54	9
我和校方导师关系密切(结构)	3.45±0.57	10
我和校方导师私下关系很好(结构)	3.41±0.56	11
我和校方导师经常交流(结构)	3.36±0.54	12
我花很多时间和校方导师讨论(结构)	3.34±0.57	13

表 6-5 院所社会资本量表各项目得分的描述性分析

题 项	M±SD	排 序
只要我需要,我相信院所导师会帮助我(关系)	4.08±0.80	1
在探讨学术问题时,我和院所导师使用相互能够理解的交流方式(认知)	4.03±0.78	2
当我遇到困难时,院所导师愿意帮助我(关系)	4.02±0.82	3
院所导师的帮助使我的学习和科研工作更顺利(关系)	3.98±0.90	4
我和院所导师使用相似的科研工具、术语、符号、方法等(认知)	3.98±0.87	5
我能很快明白院所导师在论文或者课题报告中所描述的专业问题(认知)	3.98±0.79	6
我和院所导师有很高的热情去实现课题组共同的科研目标和任务(认知)	3.97±0.92	7
我和院所导师对科研工作中的重点通常可以达成共识(认知)	3.96±0.83	8
我和院所导师有共同的科研理想和目标(认知)	3.94±0.84	9
我和院所导师关系密切(结构)	3.86±0.83	10
我和院所导师经常交流(结构)	3.83±0.93	11
我和院所导师私下关系很好(结构)	3.78±0.88	12
我花很多时间和院所导师讨论(结构)	3.77±0.89	13

3. 联合培养博士生基本情况对各研究变量的影响

使用 t 检验和 F 检验考察性别、入学年份、入学方式、博士期间专业与之前专业、本科就读院校类型、硕士就读院校类型、博士论文选题来源、预期读博年限、开题与否、从事研究主要地点、论文发表要求等变量对联合培养博士生的心理资本和创新能力各维度的影响（对社会资本的影响见本书第五章）。研究表明在入学年份、博士期间专业与之前专业、本硕阶段的院校类型、开题与否、论文发表要求等变量上，博士生两类社会资本各个维度得分没有显著差异，但在性别、入学方式、选题来源、预期读博年限4个变量上存在显著差异。

（1）性别变量对于校所联培博士生心理资本和创新能力的影响。使用独立样本t检验考察博士生两个研究变量各维度的性别差异，结果显示在博士生心理资本的自我效能、韧性维度存在显著性别差异，其中男博士生在自我效能维度的得分（4.18 ±0.44）显著高于女博士生得分（3.96 ±0.46，p<0.05），男博士生在韧性维度得分（4.07 ±0.50）同样显著高于女博士生（3.83 ±0.48，p<0.05）。对于创新能力，男博士生在产生创新构想能力维度的得分（4.12 ±0.48）显著高于女博士生（3.88 ±0.50，p<0.05）（检验结果详见表6-6）。

表6-6 性别变量对联合培养博士生心理资本和创新能力的影响（M ±SD）

变量	自我效能	希望	韧性	乐观	产生创新能力	执行创新能力
男	4.18 ±0.44	3.99 ±0.51	4.07 ±0.50	4.07 ±0.55	4.12 ±0.48	4.08 ±0.50
女	3.96 ±0.46	3.80 ±0.50	3.83 ±0.48	3.89 ±0.62	3.88 ±0.50	3.90 ±0.51
t	2.512*	1.951	2.484*	1.556	2.500*	1.884

注：* 表示 p<0.05；** 表示 p<0.01；*** 表示 p<0.001。

（2）入学方式对于校所联培博士生心理资本和创新能力的影响。使用单因素方差分析检验博士生心理资本和创新能力各维度在博士生三类入学方式（本科直博、硕博连读、普通招考）上的差异，结果显示在博士生心理资本的四个维度得分皆存在显著差异,而在创新能力两个维度得分皆不存在显著差异(检验结果详见表6-7)。LSD事后检验表明,对于心理资本的自我效能维度,普通招考博士生的得分(4.20±0.46)显著高于硕博连读博士生(3.96±0.37)的得分($p<0.05$);对于希望维度,也出现了同样的结果,即普通招考博士生的得分(4.02±0.49)显著高于硕博连读博士生(3.77±0.45)的得分($p<0.05$);而对于韧性维度,普通招考博士生的得分(4.10±0.50)显著高于本科直博博士生的得分(3.78±0.49,$p<0.05$);在乐观维度,普通招考博士生的得分(4.17±0.49)显著高于本科直博博士生的得分(3.83±0.69,$p<0.01$)与硕博连读博士生的得分(3.81±0.49,$p<0.01$);在心理资本四个维度上,本科直博博士生的得分与硕博连读博士生的得分皆不存在显著差异。

表6-7 入学方式对联合培养博士生心理资本和创新能力的影响(M±SD)

变量	自我效能	希望	韧性	乐观	产生创新能力	执行创新能力
本科直博	4.04±0.46	3.85±0.54	3.78±0.49	3.83±0.69	3.96±0.44	3.97±0.46
硕博连读	3.96±0.37	3.77±0.45	3.93±0.43	3.81±0.49	3.90±0.51	3.91±0.54
普通招考	4.20±0.46	4.02±0.49	4.10±0.50	4.17±0.49	4.14±0.50	4.09±0.51
F	3.227*	3.083*	4.699*	6.400**	3.036	1.477

注:* 表示 $p<0.05$;** 表示 $p<0.01$;*** 表示 $p<0.001$。

(3)选题来源对于校所联培博士生心理资本和创新能力的影响。使用单因素方差分析检验博士生心理资本和创新能力在博士生四类博士论文选题来源(校方导师课题、院所导师课题、双方导师合作课题、自拟选题）上的差异，结果显示除了自我效能维度以外，博士生心理资本的其他三个维度和创新能力的两个维度皆不存在显著差异（检验结果详见表6-8）。LSD事后检验表明，对于心理资本的自我效能维度，自拟选题博士生的得分（3.79±0.38）显著低于博士论文选题来源于校方导师课题的博士生的得分（4.24±0.45，$p<0.001$）和选题源于院所导师课题博士生的得分（4.13±0.44，$p<0.01$）。源于双方导师合作课题的博士生的得分（3.93±0.47）也同样显著高于院所导师课题博士生的得分（$p<0.05$）与自拟选题博士生的得分（$p<0.001$）。而院所导师课题博士生的得分与自拟选题博士生的得分不存在显著差异。

表6-8 博士研究课题来源对联合培养博士生两类社会资本的影响（M±SD）

变量	自我效能	希望	韧性	乐观	产生创新能力	执行创新能力
校方导师课题	4.24±0.45	3.88±0.56	3.99±0.50	3.99±0.73	4.08±0.80	4.06±0.53
院所导师课题	4.13±0.44	4.02±0.51	4.10±0.53	4.09±0.50	4.07±0.51	4.05±0.50
双方导师合作课题	4.03±0.48	4.01±0.38	3.99±0.42	4.07±0.51	4.12±0.61	4.19±0.55
自拟选题	3.79±0.38	3.75±0.47	3.68±0.34	3.69±0.41	3.93±0.37	3.80±0.35
F	3.383*	1.240	2.419	1.629	0.350	0.276

注：* 表示 $p<0.05$；** 表示 $p<0.01$；*** 表示 $p<0.001$。

(4) 预期读博年限对联合培养博士生心理资本和创新能力的影响。使用单因素方差分析检验博士生两类社会资本在博士生不同预期读博年限（3 年、4 年、5 年、6 年以上）上的差异，结果显示只有博士生心理资本中的自我效能维度和韧性维度存在显著差异（检验结果详见表 6-9）。LSD 事后检验表明，预期读博年限为 3 年的博士生在自我效能维度的得分（4.31 ±0.57）显著高于预期年限为 4 年的博士生的得分（4.08 ±039，$p<0.05$）、预期年限为 5 年的博士生的得分（4.06 ±0.42，$p<0.01$）和预期年限为 6 年以上的博士生的得分（3.88 ±0.25，$p<0.05$）。而在韧性维度，同样是预期读博年限为 3 年的博士生的得分（4.25 ±0.56）显著高于预期年限为 4 年的博士生的得分（3.97 ±0.46，$p<0.05$）、预期年限为 5 年的博士生的得分（3.89 ±0.49，$p<0.01$）和预期年限为 6 年以上的博士生的得分（3.74 ±0.33，$p<0.05$）。

表 6-9 预期读博年限对联合培养博士生
两类社会资本的影响（M ±SD）

变量	自我效能	希望	韧性	乐观	产生创新能力	执行创新能力
3 年	4.31 ±0.57	4.01 ±0.57	4.25 ±0.56	4.21 ±0.56	4.25 ±0.54	4.23 ±0.55
4 年	4.08 ±039	3.98 ±0.48	3.97 ±0.46	4.04 ±0.53	4.02 ±0.50	3.98 ±0.53
5 年	4.06 ±0.42	3.87 ±0.54	3.89 ±0.49	3.87 ±0.64	3.99 ±0.47	4.00 ±0.46
6 年以上	3.88 ±0.25	3.74 ±0.40	3.74 ±0.33	3.95 ±0.34	3.82 ±0.28	3.78 ±0.38
F	2.742*	0.913	3.988**	2.069	2.396	2.374

注：* 表示 $p<0.05$；** 表示 $p<0.01$；*** 表示 $p<0.001$。

4. 博士生社会资本、心理资本与创新能力的相关分析

使用 SPSS 17.0 对博士生的两类社会资本、心理资本以及博士生创新能力之间的关系进行相关分析，结果见表 6-10。

表6-10 研究变量间的相关矩阵

序号	变量	1	2	3	4	5	6	7	8	9	10	11	12
1	校方结构	1											
2	校方关系	0.673***	1										
3	校方认知	0.764***	0.843***	1									
4	院所结构	0.056	0.118	0.109	1								
5	院所关系	0.041	0.167	0.119	0.779***	1							
6	院所认知	0.106	0.285*	0.237*	0.869***	0.869***	1						
7	自我效能	0.372***	0.409***	0.431***	0.294**	0.244*	0.353***	1					
8	希望	0.347***	0.341***	0.402***	0.463***	0.412***	0.542***	0.591***	1				
9	韧性	0.268**	0.260*	0.284**	0.457***	0.423***	0.491***	0.687***	0.734***	1			
10	乐观	0.437***	0.445***	0.482***	0.449***	0.396***	0.505***	0.609***	0.710***	0.756***	1		
11	产生创新	0.348***	0.323***	0.384***	0.365***	0.308***	0.402***	0.716***	0.616***	0.606***	0.559***	1	
12	执行创新	0.406***	0.379***	0.437***	0.387***	0.359***	0.440***	0.717***	0.658***	0.645***	0.620***	0.875***	1

注:* 表示 $p<0.05$;** 表示 $p<0.01$;*** 表示 $p<0.001$。

5. 研究变量关系的结构方程模型

在对多变量关系的研究中,传统的回归分析方法存在很大的局限性,因此本研究采用结构方程模型(Structure Equation Modeling, SEM)技术对研究变量间的关系进行检验,考察校所之间邻近性、合作程度对于博士生社会资本的影响效应及其效应的实现路径。采用结构方程模型分析的两阶段方法,第一阶段主要是确定因素结构的拟合性,即首先进行一个带有4个具有相关因素的验证性因素分析。验证性因素分析的模型拟合指数为:$\chi^2/df = 1.15$(达到小于5的标准),NNFI = 0.98、CFI = 0.99、NFI = 0.96(三个指标值皆达到大于0.90的标准),RMSEA = 0.055(达到小于0.1的标准),说明统合模型与数据拟合非常好,可以进行第二阶段结构方程模型的估计。第二阶段是结构方程模型的估计,建构研究变量之间关系的结构方程模型。模型绝对拟合指标为:$\chi^2/df = 1.57$,NNFI = 0.98,CFI = 0.99,NFI = 0.96,RMSEA = 0.055。进一步考察模型的参数估计值,发现地理邻近性、社会邻近性与校所合作程度、博士生两类社会资本的关系路径系数均不显著;认知邻近性恰恰相反,与校所合作程度以及博士生两类社会资本的关系路径系数均达到显著;制度邻近性与校方社会资本的路径系数显著,与校所合作程度以及院所导师社会资本的路径系数不显著;而合作程度与院所社会资本的路径系数显著,与校方社会资本的路径系数不显著。采取逐步删除不显著路径的方法来修正模型,从最不显著的路径逐步进行删除。在删除不显著路径之后,各项拟合指数:$\chi^2/df = 1.37$,NNFI = 0.98,CFI = 0.99,NFI = 0.96,RMSEA = 0.053 均达到标准,说明模型拟合良好。模型及其检测结果详见图 6-1。

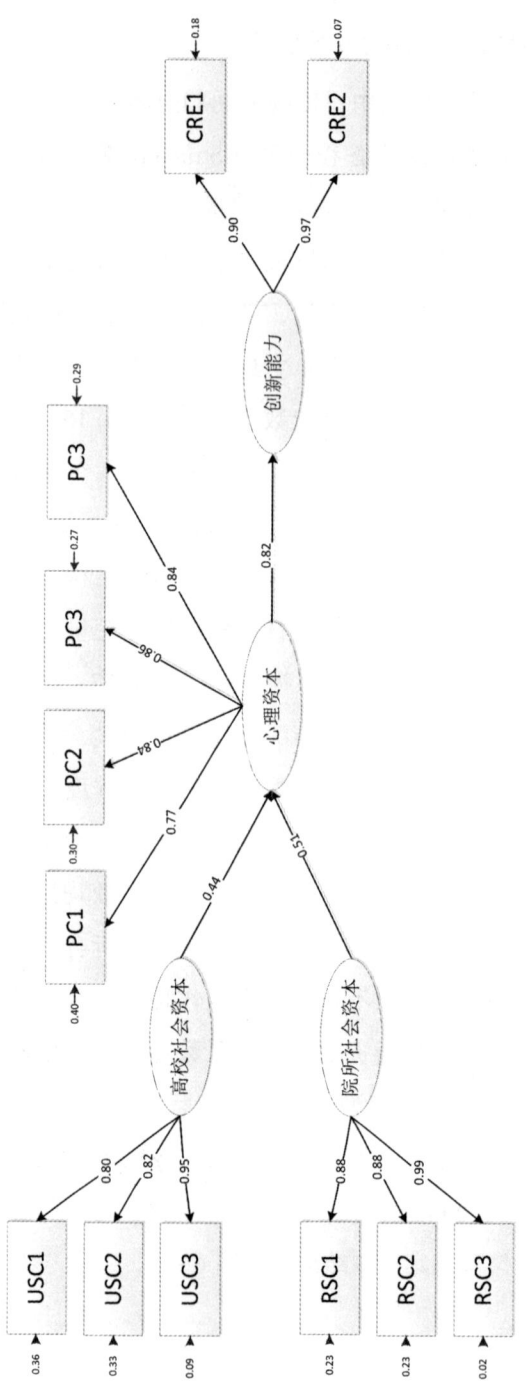

图 6-1 结构方程模型分析结果

从图 6-1 中可看出,各研究变量的路径关系中,联培博士生的校方社会资本、院所社会资本、心理资本及其创新能力之间存在密切的关系。联培博士生的校方社会资本、院所社会资本对于博士生个体创新能力的直接效应不显著,H2a 未得证,但两类社会资本对心理资本的直接效应显著,即两类社会资本可以正向预测联培博士生的心理资本 H2b 得证。而心理资本却能够直接、显著预测博士生个体的创新能力水平,H2c 得证。因此,不难发现心理资本在博士生个体社会资本与其创新能力之间的关系中起到了完全中介作用,换句话说,社会资本要通过心理资本才能作用于创新能力的提升和发展。4 个潜变量(Latent Variables)间的路径系数及显著性检验见表 6-11。根据表 6-11 中的数据,联培博士生校方社会资本对心理资本的直接效应值为 0.44,联培博士生院所社会资本对心理资本的直接效应值为 0.51,而心理资本对博士生创新能力的直接效应值为 0.82。

表 6-11 潜变量间路径系数及显著性检验

路径	标准化路径系数	t 值
校方社会资本→心理资本	0.44	5.26**
院所社会资本→心理资本	0.51	5.95***
心理资本→创新能力	0.82	8.58***

注:* 表示 $p<0.05$;** 表示 $p<0.01$;*** 表示 $p<0.001$。

(三)讨论与小结

在本章中,本研究探索了博士生科技人力资本的内部三个要素,即博士生社会资本、心理资本、创新能力之间的确切关系。本研究通过修订完善相关研究领域内的成熟测量工具，对联培校所联培博士生的两类社会资本、心理资本和创新能力进行了调查。通过描述统计对当前联培博士生在各个变量上的得分情况进行了分析；通过 t 检验、F 检验等手段考察了联培博士生的基本情况对于各个变量的影响；通过相关分析和结构方程模型深入探析了三个研究变量之间的确切关系。

研究结果表明，与以往研究不一致的是，本研究并未发现联培博士生的校方社会资本、院所社会资本对博士生个体创新能力存在显著的直接正向效应，但对心理资本的直接效应显著，而心理资本却能够直接、显著预测博士生个体的创新能力水平，心理资本在博士生个体社会资本与其创新能力之间的关系中起到了完全中介作用。这一结果说明在联合培养情景之下，博士生获取来自校所双方导师的实质性或潜在的资源、信息等能够有助于他们塑造良好的积极心理状态，有信心面对日常科研、工作、学习、生活中的问题和挑战，但是两类社会资本不能直接带来创新能力的提升，个体主观方面的积极心理状态、动力等在将获取的社会资本投入到个体的持续性创新当中非常关键。如前文所述，心理资本是博士生个体有效应对各种挑战，进而促进自身持有不断钻研、保持持续创新热情、不断超越自己的重要内生性资源，积极的心理状态有助于博士生们自信地做出应对校所不同的组织文化、氛围、目标所带来的困惑、挑战。

在第四章，本研究探索了校所联培博士生科技人力资本发展的重要外部条件：组织层面的邻近性因素、博士生培养各环节的合作程度，并探讨了这些外部条件与个体社会资本的关系。在本章，本研究进一步考察了博士生科技人力资本内部构成要素：联培博士生社会资本、心理资本、创新能力三者之间的确切关系。围绕着作为外部环境条件与内部互动模型关系之间"纽带"的社会资本,在下一章,本研究将对校所联培博士生科技人力资本发展机制外部条件对内部个体社会资本与创新能力关系的调节作用进行检验。

第七章 外部环境条件、博士生社会资本与创新能力的关系研究

(一) 研究设计

1. 研究样本

本研究使用问卷调查的方式采集研究数据,本研究选取北京大学、清华大学、北京航空航天大学、北京林业大学、中国石油大学5所高校与10所工程院所开展的10个联合培养项目的博士生作为调查对象。通过上述高校的研究生院共发放问卷200份,回收问卷186份,其中有效问卷176份。本研究所调查的校所联合培养项目开展时间较早,所代表的学科领域广泛,因此,所选取样本有较好的代表性。被试基本信息详见附录。

2. 研究工具

(1) 社会资本的测量。对社会资本三个维度的测量参考赵等人(2008)以及周和陈(2006)的研究中采用的量表,并结合校所联合培养的具体情况进行了修订。量表具体介绍详见本书第五章。

(2) 外部环境变量的测量。根据第五章的研究结果,高校与工程院所之间邻近性的两个维度:制度邻近性、认知邻近性,以及校所双方在联合培养博士生各培养环节的合作程度与联培博士生的校

第七章　外部环境条件、博士生社会资本与创新能力的关系研究

方社会资本、院所社会资本之间存在的密切关系,本研究将制度邻近、认知邻近和双方合作程度作为博士生科技人力资本发展的重要外部环境条件。结合上文对社会资本与创新能力关系的研究,我们将进一步检验外部环境条件在社会资本与创新能力关系中所起到的调节作用。对于认知邻近性的测量主要参考萨利米等人(2014)的研究,主要测量合作双方,尤其是校所双方导师之间的知识基础差异,由2个题项构成;制度邻近的测量,主要参考了庞茨等人(2007)的研究,主要考察高校与工程院所在相似的规则、价值观、动机下运行的程度,共3个题项构成。对社会邻近性、认知邻近性和制度邻近性的测量皆采用从"完全不同意"(记1分)到"完全同意"(记5分)的Likert五点计分法。本研究采用自编量表对高校与工程院所联合培养博士生实践过程中的合作程度进行测量。量表由7个题项构成,要求参与联合培养的博士生根据据自身情况,指出其所在联合培养项目中,校方与院所方在7个培养环节的合作程度,量表中的培养环节包括了招生、课程、博士论文选题、科研实践、学生管理、导师指导、博士论文开题、评审与答辩。采用从"非常低"(记1分)到"非常高"(记5分)的Likert五点计分法,量表的得分范围为7—35分,分数越高表示高校与工程院所联合培养博士生实践过程中的合作程度越高。

(3)创新能力的测量。克莱森和斯特雷特(2001)的研究认为个体创新能力表现在探寻机遇、生成想法、形成调查、拥护、应用5个阶段,我国一些学者检验了在中国情境下克莱森和斯特雷特五阶段观点的普适性,结果一致认为在中国情境下,个体的创新能力可以归纳为两个方面:产生创新构想的能力和执行创新构想的能力(卢小君、张国梁,2008;顾远东、彭纪生,2010)。参考国内研究,博士生的创新能力可以定义为:博士生在学习、研究过程中,产生

创新构想或问题解决方案，并努力将之付诸实践的行为，包括产生和执行创新构想两个阶段的各种行为表现，其中，产生创新构想的能力是指博士生个体为了科研实践中的研究、技术、产品、工作流程等的提升广泛地探寻机会、针对这些机会生成构想或方案，并对它们的可行性进行检验等的能力表现；执行创新构想的能力是指个体为了实现创新构想，积极调动学术或科研资源、说服及影响学术网络中其他人支持创新、敢于挑战与冒险，以及通过个人努力使创新常规化并成为日常学习、科研和工作的一个部分等能力表现。本研究对上述博士生创新能力2个维度的测量参考克莱森和斯特雷特（2001）研究中采用的量表，并结合校所联合培养的具体情况进行了改造和修订，量表共由14个题项构成，每个维度由7个题项构成，2个维度的测量皆采用从"完全不同意"（记1分）到"完全同意"（记5分）的Likert五点计分法。

(4) 数据处理工具。在本研究中采用统计软件SPSS 17.0进行基本数据处理与统计分析，主要使用了相关分析和回归分析等统计分析方法。

（二）研究结果

1. 研究变量之间的相关分析

使用SPSS 17.0对校所间的制度邻近性和认知邻近性、校所联合培养博士生合作程度、博士生的两类社会资本、博士生的产生创新构想能力、执行创新构想能力之间的关系进行相关分析，结果见表7-1。

第七章 外部环境条件、博士生社会资本与创新能力的关系研究

表7-1 研究变量间的相关矩阵

序号	变量	1	2	3	4	5	6	7	8	9	10	11
1	制度邻近性	1										
2	认知邻近性	0.487***	1									
3	合作程度	0.487***	0.437***	1								
4	校方结构维度	0.497***	0.472***	0.423***	1							
5	校方关系维度	0.386***	0.476***	0.383***	0.673***	1						
6	校方认知维度	0.507***	0.525***	0.431***	0.764***	0.843***	1					
7	院所结构维度	0.225**	0.393***	0.335***	0.056	0.118	0.109	1				
8	院所关系维度	0.230**	0.458***	0.348***	0.041	0.167	0.119	0.799***	1			
9	院所认知维度	0.310**	0.540***	0.362***	0.106	0.285**	0.237**	0.851***	0.874***	1		
10	产生创新构想能力	0.421***	0.432***	0.437***	0.348***	0.323***	0.384***	0.365***	0.308***	0.402***	1	
11	执行创新构想能力	0.448***	0.474***	0.504***	0.406***	0.379***	0.437***	0.387***	0.359***	0.440***	0.875***	1

注:**表示p<0.05;**表示p<0.01;***表示p<0.001。

2. 外部环境条件在博士生社会资本与创新能力关系中的调节作用

（1）制度邻近性在博士生校方社会资本与创新能力关系中的调节作用。本研究分别以联培博士生的社会资本、制度邻近性以及制度邻近性与社会资本的交互项作为预测变量，分别以博士生创新能力的两个维度：产生创新构想能力、执行创新构想能力作为因变量，进行多层回归分析。为消除变量间共线性的消极影响，采用温忠麟等人的建议，在进行回归分析之前，利用 SPSS 17.0 软件先对博士生社会资本、制度邻近性、创新能力两个维度得分进行了中心化变换（即使用变量得分原始值减去其该变量得分的均值，温忠麟，2005）。在多层回归分析中，各变量进入回归模型的顺序是：联合培养博士生基本情况（性别、入学年份、入学方式、攻博前后专业异同、本科就读院校类型、硕士就读院校类型、博士论文选题来源、预期读博年限、开题与否、从事研究主要地点、论文发表要求等）作为控制变量第一步进入；博士生社会资本第二步进入；制度邻近第三步进入；博士生社会资本和制度邻近的交互项第四步进入以考察调节作用，回归分析结果详见表7-2。

由表7-2可以看出，制度邻近对校方社会资本和产生创新构想能力的关系存在显著的调节作用（$\beta=0.150$，$p<0.05$）。同时，制度邻近对院所社会资本和产生创新构想能力的关系也存在显著的调节作用（$\beta=0.140$，$p<0.05$）。为更进一步检验制度邻近性得分高低对博士生两类社会资本和产生创新构想能力关系的调节作用，采用道森（Dawson）和里希特（Richter，2006）所建议的程序[①]，分别估计当制度邻近性得分处于高、低两种不同水平时，两类社会资本和产

[①] J.F.Dawson and A.W.Richter, "Probing Three-Way Interactions in Moderated Multiple Regression: Development and Application of a Slope Difference Test", *Journal of Applied Psychology*, Vol.91, No.4, 2006, pp.917-926. 程序可在 http://www.jeremydawson.co.uk/slopes.htm 进行下载。

第七章 外部环境条件、博士生社会资本与创新能力的关系研究

表7-2 制度邻近在博士生社会资本与创新能力关系中的调节作用回归分析

步骤及变量		产生创新构想能力 标准回归系数			执行创新构想能力 标准回归系数		
		Step 1	Step 2	Step 3	Step 3*	Step 1	Step 2	Step 3	Step 3*

步骤	变量	Step 1	Step 2	Step 3	Step 3*	Step 1	Step 2	Step 3	Step 3*
Step 1	性别	-0.244	-0.289**	-0.254*	-0.230*	-0.169	-0.206	-0.174	-0.161
	入学年份	-0.048	-0.023	0.004	0.009	-0.059	0.010	0.008	-0.001
	入学方式	0.056	0.029	0.059	0.042	-0.016	-0.036	-0.009	-0.026
	攻博前前后差异	0.012	0.051	0.037	0.043	-0.017	0.029	0.016	0.023
	本科高校类别	-0.074	-0.003	-0.051	-0.029	-0.087	-0.018	-0.061	-0.038
	硕士高校类别	0.013	-0.041	-0.028	-0.033	0.004	-0.048	-0.035	-0.041
	论文选题来源	-0.086	-0.029	-0.050	-0.067	-0.102	-0.037	-0.056	-0.066
	预期读博年限	-0.132	-0.021	-0.046	-0.019	-0.145	-0.021	-0.044	-0.020
	开题与否	-0.347*	-0.297*	-0.333*	0.330*	-0.347	-0.288	-0.320*	-0.313*
	研究地点	-0.026	0.048	0.103	0.062	0.077	0.132	0.181	0.142
	论文发表要求	-0.166	-0.115	-0.133	-0.139	-0.290*	-0.219*	-0.235*	-0.238*

（续表）

步骤及变量		产生创新构想能力 标准回归系数			执行创新构想能力 标准回归系数		
		Step 1	Step 2	Step 3	Step 1	Step 2	Step 3*
Step 2	校方社会资本		0.160	0.214*		0.242**	0.291***	0.251**
	院所社会资本		0.078	0.055		0.084	0.063	0.132*
	制度邻近		0.224**	0.191*		0.170*	0.140	0.122
Step 3	校方社会资本×制度邻近			0.150*			0.136*	
Step3*	院所社会资本×制度邻近			0.140*				0.106
	Adjusted R^2	0.050	0.318	0.355	0.030	0.317	0.347	0.334
	$\triangle R^2$	0.158	0.259***	0.040*	0.140	0.276***	0.032*	0.021

注：* 表示 $p<0.05$；** 表示 $p<0.01$；*** 表示 $p<0.001$。

第七章 外部环境条件、博士生社会资本与创新能力的关系研究

生创新构想能力之间的关系。如图7-1所示,可以观察到在校所制度邻近性高的联培项目中,博士生的校方社会资本从低到高的过程中,博士生在产生创新构想能力上有明显的上升趋势,但对于校所制度邻近性低的联培项目,随着校方社会资本增加和提升,博士生在产生创新构想能力上却没有明显变化;而在校所制度邻近性高的联培项目中,博士生的院所社会资本从低到高的过程中,博士生在产生创新构想能力上有明显的上升趋势,但对于校所制度邻近性低的联培项目,随着院所社会资本增加和提升,博士生在产生创新构想能力上却有略微的下降趋势。

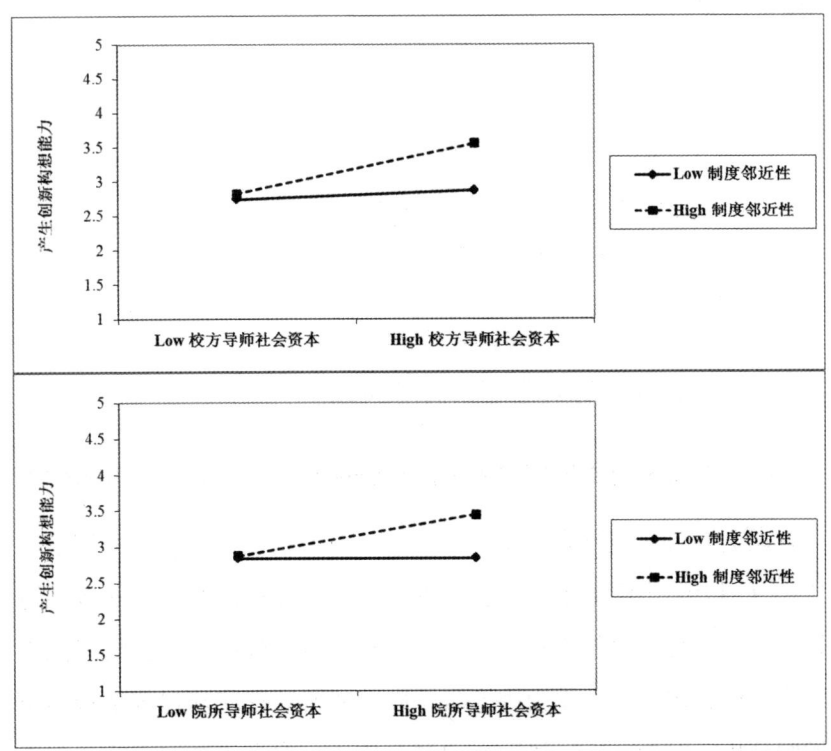

图7-1 制度邻近对博士生两类社会资本与产生创新构想能力关系的调节作用示意图

同样根据表7-2，制度邻近对校方社会资本和执行创新构想能力的关系存在显著的调节作用（β=0.136，p<0.05），但是对于院所社会资本和执行创新构想能力关系的调节作用不显著（β=0.106，p>0.05）。采用道森和里希特所建议的程序，分别估计当制度邻近性得分处于高、低两种不同水平时，校方社会资本和执行创新构想能力之间的关系。如图7-2所示，在校所制度邻近性高的联培项目中，博士生的校方社会资本从低到高的过程中，博士生执行构想的能力有明显上升趋势，但对于校所制度邻近性低的联培项目，随着校方社会资本的增加和提升，博士生执行创新构想的能力上升较为平缓。

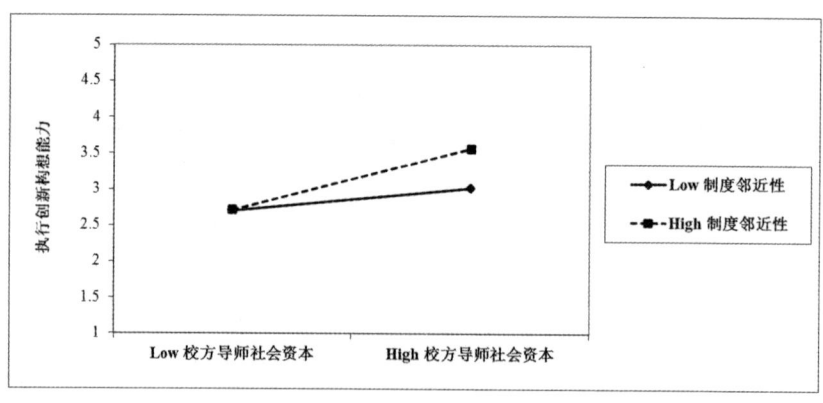

图7-2 制度邻近对校方社会资本与执行创新构想能力关系的调节作用示意图

（2）认知邻近性在博士生社会资本与创新能力关系中的调节作用。分别以联培博士生的社会资本，认知邻近性以及认知邻近性与社会资本的交互项作为预测变量，分别以博士生产生创新构想能力和执行创新构想能力作为因变量，以上文所述程序和规则进行多层回归分析，以考察认知邻近性的调节作用。根据表7-3，认知邻近对校方社会资本和产生创新构想能力的关系存在非常显著的调节作用（β=0.182，p<0.001）。同时，认知邻近对院所社会资本和产生创

表7-3 认知邻近在博士生社会资本与创新能力关系中的调节作用回归分析

步骤及变量		产生创新构想能力 标准回归系数				执行创新构想能力 标准回归系数			
		Step 1	Step 2	Step 3	Step 3*	Step 1	Step 2	Step 3	Step 3*
Step 1	性别	-0.248	-0.234	-0.177	-0.164	-0.171	-0.165	-0.110	-0.090
	入学年份	-0.062	-0.000	-0.029	0.006	-0.065	0.009	0.038	-0.016
	入学方式	0.058	0.016	0.022	0.020	-0.015	-0.045	-0.040	-0.041
	攻博前后专业	0.012	0.042	0.030	0.017	-0.017	0.019	0.009	0.007
	本科高校类别	-0.087	-0.093	-0.190	-0.093	-0.092	-0.094	-0.109	-0.094
	硕士高校类别	0.000	-0.012	0.030	0.010	0.002	-0.028	-0.013	-0.004
	论文选题来源	-0.089	-0.065	-0.058	-0.078	-0.103	-0.070	-0.063	-0.084
	预期读博年限	-0.135	-0.080	-0.065	-0.067	-0.146	-0.074	-0.060	-0.060
	开题与否	-0.378*	-0.308	-0.320*	-0.278	-0.361*	-0.301	-0.313*	-0.269
	研究地点	0.009	-0.004	0.001	-0.004	0.092	0.106	0.110	0.105
	论文发表要求	-0.199	-0.151	-0.113	-0.132	-0.305*	-0.258*	-0.222*	-0.239*

（续表）

步骤及变量		产生创新构想能力 标准回归系数				执行创新构想能力 标准回归系数			
		Step 1	Step 2	Step 3	Step 3*	Step 1	Step 2	Step 3	Step 3*
	校方社会资本		0.017	0.132	−0.015		0.108	0.220*	0.073
	院所社会资本		0.015	0.019	0.126		0.021	0.025	0.139*
	认知邻近		0.205**	0.195**	0.222**		0.171*	0.160*	0.189**
Step 2									
Step 3	校方社会资本×认知邻近			0.182***				0.177***	
Step 3*	院所社会资本×认知邻近				0.144***				0.154***
	Adjusted R^2	0.061	0.187	0.284	0.275	0.043	0.214	0.306	0.316
	$\triangle R^2$	0.166	0.137**	0.090***	0.083***	0.151	0.175***	0.086***	0.094***

注：* 表示 $p<0.05$；** 表示 $p<0.01$；*** 表示 $p<0.001$。

第七章 外部环境条件、博士生社会资本与创新能力的关系研究

新构想能力的关系也存在非常显著的调节作用（β=0.144，p<0.001）。为更进一步检验认知邻近性得分高低对博士生两类社会资本和产生创新构想能力关系的调节作用，采用道森和里希特所建议的程序，分别估计当制度邻近性得分处于高、低两种不同水平时，两类社会资本和产生创新构想能力之间的关系。

如图7-3所示，可以发现在校所认知邻近性高的联培项目中，博士生的校方社会资本从低到高的过程中，博士生在产生创新构想能力上有明显的上升趋势，但对于校所认知邻近性低的联培项目，随着校方社会资本增加和提升，博士生在产生创新构想能力上却有下降趋势；对于校所认知邻近性高的联培项目，博士生的院所社会资

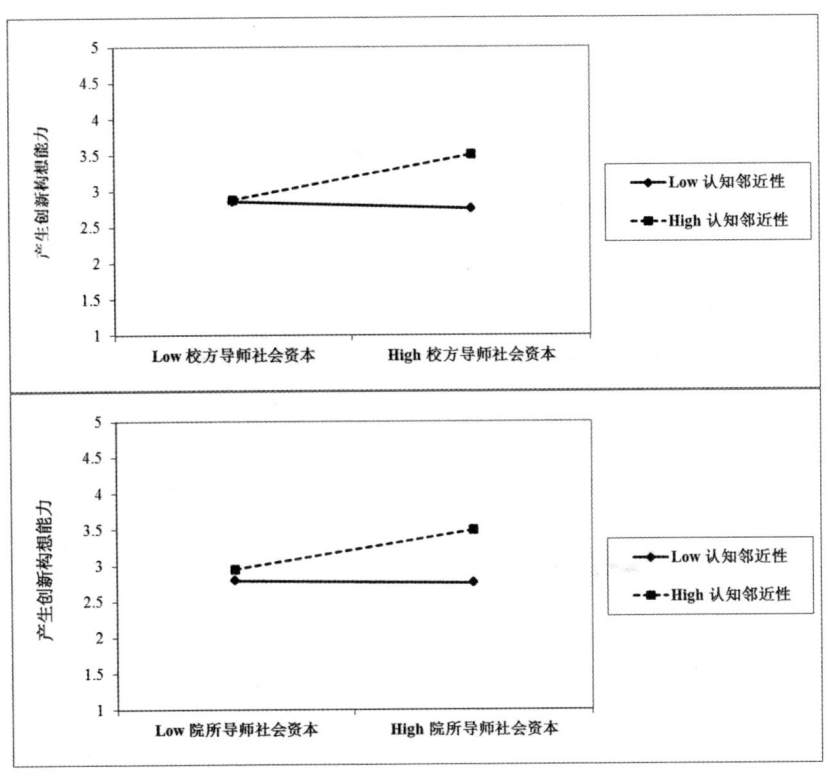

图7-3 认知邻近对博士生两类社会资本与产生创新构想能力关系的调节作用示意图

本从低到高的过程中,博士生在产生创新构想能力上有明显的上升趋势,但对于校所认知邻近性低的联培项目,随着院所社会资本增加和提升,博士生在产生创新构想能力上却出现了略微的下降趋势。

同样根据表7-3,认知邻近对校方社会资本和执行创新构想能力的关系存在非常显著的调节作用($\beta=0.177$,$p<0.001$),对于院所社会资本和执行创新构想能力关系的调节作用也非常显著($\beta=0.154$,$p<0.001$)。采用道森和里希特所建议的程序,分别估计当认知邻近性得分处于高、低两种不同水平时,校方社会资本和执行创新构想能力之间的关系。如图7-4所示,在校所认知邻近性高的联培项目中,博士生的校方社会资本从低到高的过程中,博士生执行构

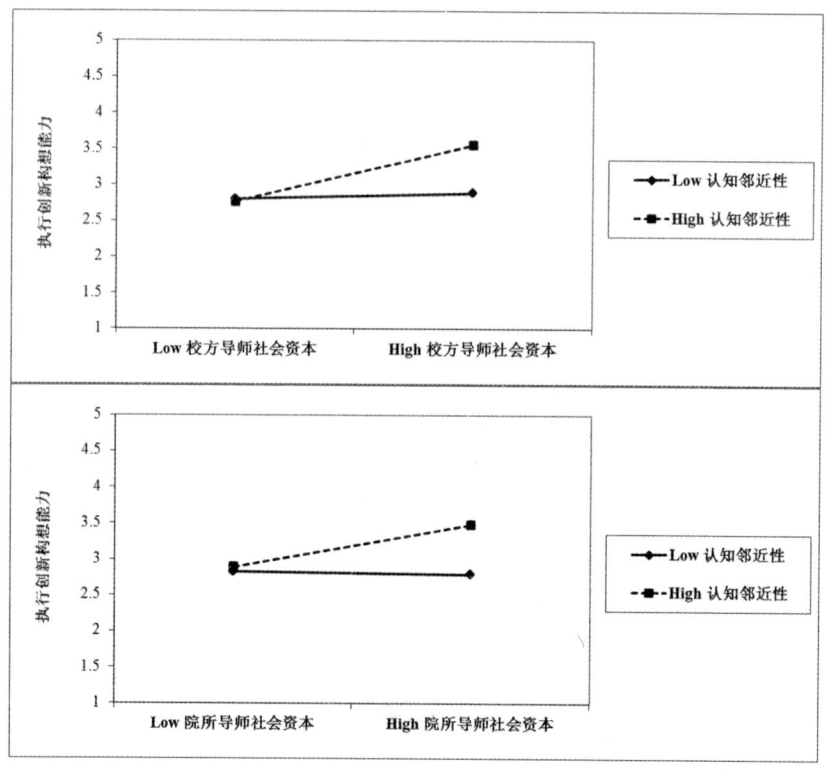

图7-4 认知邻近对博士生两类社会资本与执行创新构想能力关系的调节作用示意图

第七章　外部环境条件、博士生社会资本与创新能力的关系研究

想的能力有明显上升趋势，但对于校所认知邻近性低的联培项目，随着校方社会资本的增加和提升，博士生执行创新构想的能力无明显变化；对于校所认知邻近性高的联培项目，博士生的院所社会资本从低到高的过程中，博士生在执行创新构想能力上有明显的上升趋势，但对于校所认知邻近性低的联培项目，随着院所社会资本增加和提升，博士生在执行创新构想能力上却出现了略微的下降趋势。

（3）合作程度在博士生社会资本与创新能力关系中的调节作用。分别以联培博士生的社会资本，校所在联培项目的合作程度以及校所合作程度与社会资本的交互项作为预测变量，分别以博士生产生创新构想能力和执行创新构想能力作为因变量，以上文所述程序和规则进行多层回归分析，以考察校所合作程度的调节作用，具体结果见表7-4。

根据表7-4，校所在各培养环节的合作程度对校方社会资本和产生创新构想能力关系的调节作用不显著（$\beta=0.0.059$，$p>0.05$），合作程度对院所社会资本和产生创新构想能力关系的调节作用也不显著（$\beta=0.017$，$p>0.05$）；同时，合作程度对校方社会资本和执行创新构想能力关系的调节作用不显著（$\beta=0.075$，$p>0.05$），合作程度对院所社会资本和执行创新构想能力关系的调节作用也不显著（$\beta=0.054$，$p>0.05$）。

（三）讨论与小结

在本章中，本研究对校所联培博士生科技人力资本发展机制外部条件：校所制度邻近性、认知邻近性以及校所在博士生联合培养各环节的合作程度对科技人力资本的内部关系的调节作用进行检验。结果显示，制度邻近对校方社会资本和产生创新构想能力、院所社会资本和产生创新构想能力、校方社会资本和执行创新构想能力的关

表7-4 合作程度在博士生社会资本与创新能力关系中的调节作用回归分析

步骤及变量		产生创新构想能力 标准回归系数				执行创新构想能力 标准回归系数			
		Step 1	Step 2	Step 3	Step 3*	Step 1	Step 2	Step 3	Step 3*
	性别	-0.247	-0.259*	-0.259*	-0.259*	-0.166	-0.183	-0.183	-0.182
	入学年份	-0.062	-0.027	-0.031	-0.029	-0.067	-0.025	-0.029	-0.031
	入学方式	0.058	0.031	0.036	0.031	-0.016	-0.041	-0.036	-0.043
	攻博前后专业	0.012	0.047	0.040	0.046	-0.020	0.025	0.017	0.023
	本科高校类别	-0.087	-0.040	-0.048	-0.042	-0.096	-0.042	-0.052	-0.050
Step 1	硕士高校类别	0.000	-0.029	-0.031	-0.027	0.003	-0.038	-0.040	-0.032
	论文选题来源	-0.089	-0.050	-0.055	-0.051	-0.099	-0.052	-0.057	-0.055
	预期读博年限	-0.135	-0.056	-0.064	-0.056	-0.144	-0.046	-0.054	-0.046
	开题与否	-0.378*	-0.282	-0.279	-0.287	-0.363*	-0.253	-0.250	-0.270
	研究地点	0.009	-0.028	-0.010	-0.022	0.095	0.069	0.089	0.087
	论文发表要求	-0.199	-0.158	-0.162	-0.161	-0.297*	-0.250*	-0.254*	-0.260*

第七章 外部环境条件、博士生社会资本与创新能力的关系研究

（续表）

步骤及变量		产生创新构想能力 标准回归系数				执行创新构想能力 标准回归系数			
		Step 1	Step 2	Step 3	Step 3*	Step 1	Step 2	Step 3	Step 3*
Step 2	校方社会资本		0.074	0.083	0.068		0.128	0.139	0.111
	院所社会资本		0.018	0.002	0.022		0.015	-0.002	0.030
	合作程度		0.271***	0.257***	0.269***		0.299***	0.283***	0.290***
Step 3	校方社会资本×合作程度			0.069				0.075	
Step3*	院所社会资本×合作程度				0.017				0.054
	Adjusted R^2	0.055	0.258	0.255	0.249	0.035	0.333	0.332	0.329
	$\triangle R^2$	0.162	0.202***	0.005	0.000	0.144	0.285***	0.006	0.004

注：* 表示 p<0.05；** 表示 p<0.01；*** 表示 p<0.001。

系存在显著的调节作用，但是对于院所社会资本和执行创新构想能力关系的调节作用不显著。因此，可以推断当校所双方在人才培养规则、培养的价值取向和动机越相似时，博士生来源于校方导师和院所导师的社会资本才能更好地作用于其产生创新构想能力的提升，校方社会资本也才能更好地作用于执行创新构想能力的提升，据此，H3a 部分得证。

认知邻近对校方社会资本和产生创新构想能力、院所社会资本和产生创新构想能力、校方社会资本和执行创新构想能力、院所社会资本和执行创新构想能力关系的调节作用非常显著，这说明在校所双方，尤其是共同指导博士生的双方导师在知识基础方面，即双方导师的研究领域越相近，对联培博士生的博士研究课题都非常了解的情况下，源自于双方导师的社会资本才能更好地作用于博士生创新能力的提升，据此，H3b 得证。

而校所在各培养环节的合作程度对校方社会资本和产生创新构想能力、院所社会资本和产生创新构想能力、校方社会资本和执行创新构想能力、院所社会资本和执行创新构想能力关系的调节作用皆不显著，这反映出，无论校所在各个环节的合作程度高低，不会影响到联培博士生社会资本与其创新能力的关系，据此，H3c 未得证。

第八章 结束语

（一）主要研究结论

基于对波茨曼等人提出的科技人力资本理论的完善和运用，结合社会资本理论、心理资本理论、创新能力理论、邻近性理论、社会网络结构理论等，本研究对校所联合培养博士生的科技人力资本发展机制进行了实证探索，通过三个研究考察了博士生科技人力资本发展的外部环境条件、科技人力资本的内部要素互动关系。按照第三章中提出的博士生科技人力资本发展机制模型，首先，从校所之间的邻近性和校所在联培各环节的合作程度出发，探索了它们对社会资本的影响；其次，对心理资本在社会资本与博士生创新能力关系中所起到的中介作用进行了检验；第三，对具体的校所邻近性维度、合作程度对社会资本与创新能力关系的调节作用进行分析；在探索变量间关系的同时，本研究同时关注了博士生在校所联培项目中的基本情况对于各研究变量的影响。基于研究结果，得出校所联培博士生科技人力资本的发展机制的框架模型，详见图8-1。

1. 联培模式与校所合作程度

根据博特的整合理论模型，合作需求模式的网络结构在获取、整合校所双方资源方面具有最优效果，一方面，高校与工程院所通

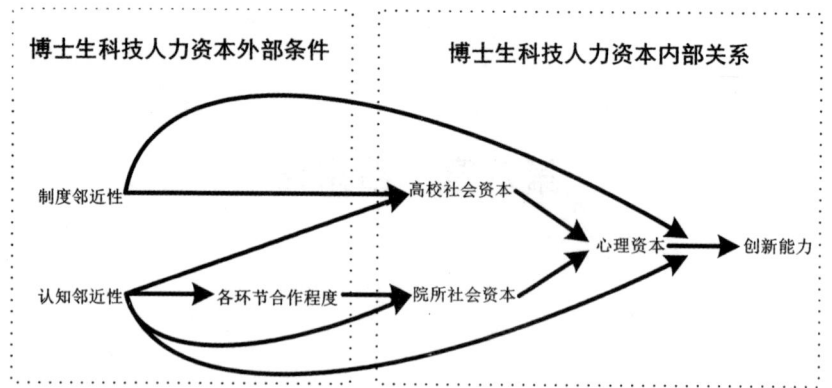

图8-1 校所联培博士生科技人力资本的发展机制模型

过联培项目中的双方导师与彼此建立连接,形成超越了校所组织的开放网络,联培项目获取来自校所双方教学、科研等方面的异质资源,即资源是增加的,而非重叠性的;另一方面,来自校所的异质资源聚集于联培项目场域以推动科研项目或人才培养的深入开展时,博士生与双方导师间的紧密连接将以双方实质性合作项目或强烈合作需求作为纽带促进资源的有效整合。在几类联培模式中,校所在博士生培养各环节的合作程度也出现了差异。其中,院所主导模式和导师关系模式下,校所在各环节的合作程度最低,而在合作需求模式下,校所双方不仅仅是为了弥补双方在一些特定培养环节的不足,更多的是通过协调合作各方的行动,实现联培项目的整体设计和相关资源的协调、整合,在各环节深入配合。在当前的联培项目中,呈现出一种更为深入的联培模式,即协同联盟模式,虽然数量较少,但反映出当前校所合作的一种重要趋势和可资借鉴的发展路径,在此类模式中,各方不仅仅参与到深度合作中,更为重要的是,在跨组织合作情境下寻求对传统博士生教育的革新。需要指出的是,不同模式并不是既定不变的,它们在一定的社会、教育、组织、个体原因下形成,随着联培项目内外部条件的变化,联合培养模式也处于一种动态过程中，换句话说，联培项目各参与主体内外部网络结构变化也蕴含着4种模式相互转化的可能性。

2. 校所邻近性与合作程度对联培博士生社会资本的影响

根据案例研究结果，结合博特的社会网络整合理论，合作需求模式、协同联盟模式的校所合作程度、网络结构在获取、整合校所双方资源方面具有最优效果，一方面，高校与工程院所通过联培项目中的双方导师与彼此建立连接，形成超越了校所组织的开放网络，联培项目获取来自校所双方教学、科研等方面的异质资源，即资源是增加的，而非重叠性的；另一方面，来自校所的异质资源聚集于联培项目场域以推动科研项目或人才培养的深入开展时，博士生与双方导师间的紧密连接将以双方实质性合作项目或强烈合作需求作为纽带促进资源的有效整合。

进一步通过问卷调查的方式对校所邻近性、合作程度与联培博士生社会资本的关系进行研究发现，认知邻近性对校所合作程度、联培博士生两类社会资本的直接效应显著，即可以正向预测高校与工程院所的合作程度和联培博士生的校所导师两类社会资本，其中，在认知邻近性与联培博士生院所社会资本的关系中，校所合作程度起到了中介作用。制度邻近性仅对校方社会资本存在正向预测作用，对校所合作程度和博士生的院所社会资本不存在直接效应。校所合作程度仅对博士生院所社会资本有正向直接效应，对博士生校方社会资本直接效应不显著。地理邻近、社会邻近对校所合作程度、两类社会资本皆不存在显著效应，这与以往研究结论不一致，这一结果的原因可能在于当前校所联培专项多以国家引导为主，自然自发的联合项目较少，而高校和院所在引导之下进行合作的最主要考量可能在于认知方面的邻近，这一点在校所邻近性量表各项目均分的描述性统计中有一定的表现，即强调校所双方在科学研究目标、研究领域、对研究课题认知、理解等方面相同或相近。尽管双方导师有着相似的知识基础，将使得双方更容易地找到合作契合点，在博士生培养过程中，双方都能够提供更有效的指导，能够提供更多的资源，对于研究的目标、进展等能有更好的把握，但是研究者们不断发现认知邻近性程度与创新的关系其实是倒 U 形的，过度强调认知等方面的邻近性将产生认知锁定（Lock-In）效应，不利于学术研究中的学科交叉整合和创新。

3. 博士生心理资本、社会资本与创新能力的关系

通过问卷调查的方式探析了心理资本在博士生社会资本与创新能力的关系中起到的中介作用。研究结果并未发现联培博士生的校方社会资本、院所社会资本对博士生个体创新能力存在显著的直接正向效应，但对心理资本的直接效应显著，而心理资本却能够直接、显著预测博士生个体的创新能力水平，心理资本在博士生个体社会资本与其创新能力之间的关系中起到了完全中介作用。这一结果说明，一方面，在联合培养情景之下，博士生获取来自校所双方导师的实质性或潜在的资源、信息等能够有助于他们塑造良好的积极心理状态，有信心面对日常科研、工作、学习、生活中的问题和挑战，但是两类社会资本不能直接带来创新能力的提升，个体主观方面的积极心理状态、动力等在将获取的社会资本投入到个体的持续性创新当中非常关键。如前文所述，心理资本是博士生个体有效应对各种挑战，进而促进自身持有不断钻研、保持持续创新热情、不断超越自己的重要内生性资源，积极的心理状态有助于博士生自信地做出应对校所不同的组织文化、氛围、目标所带来的困惑、挑战。另一方面，心理资本的完全中介作用也反映了这样一个事实，即当前联培情景下，博士生个体在联培项目内部，与校所双方导师的联系频率不足，在互动过程中建立起的信任程度不够，研究生与双方导师在科研中的共同目标、共同理解以及共同语言等仍有待进一步发展。

4. 认知和制度邻近性、社会资本与创新能力的关系

制度邻近对校方社会资本和产生创新构想能力、院所社会资本和产生创新构想能力、校方社会资本和执行创新构想能力的关系存在显著的调节作用，但是对于院所社会资本和执行创新构想能力关系的调节作用不显著。认知邻近对校方社会资本和产生创新构想能力、院所社会资本和产生创新构想能力、校方社会资本和执行创新构想能力、院所社会资本和执行创新构想能力关系的调节作用非常显著。认知和制度邻近性在社会资本与创新能力关系中的这一作用在一定程度上也表明，在校所双方，尤其是指导博士生的双方导师具备相似知识基础、人才培养规则、培养的价值取向和动机时，源自于双方导师的社会资本才能更好地促进博士生创新能力的提升，而在上述各方面相似性较低时，两类社会资本的获取对提升创新能力的作用较弱。

5. 联培博士生基本情况对各研究变量的影响

博士生两类社会资本在性别、入学方式、选题来源、预期读博年限、从事研究主要地点 5 个变量上存在显著差异。其中出现的趋势大致如下：普通招考博士生的得分在院所社会资本、心理资本上的得分显著高于本科直博博士生的得分与硕博连读博士生的得分，原因可能在于直博博士生和硕博连读博士生一般继续在校方导师指导下攻博，而普通招考博士生大多会在院所导师指导下攻博，而由于考博的激烈性，普通招考博士生在考博过程中明显要比另外两类博士生应对更多的问题和挑战，能够考上的博士生往往有较好的积极心理状态，相较而言，另两类博士生更为"一帆风顺"，得到的磨砺也相对较少；博士课题来源于校方导师课题的博士生在校方社会资本上的得分最高，而源于院所导师课题的博士生在院所社会资本上的得分最高，课题源自哪一方导师，在很大程度上决定了博士生与该方导师联系更为紧密、频繁，得到导师提供的指导、资源、信息也相对更多；预期读博年限为3年的博士生在两类社会资本、心理资本上得分最高，预期3年可以毕业的博士生一般在科研工作中比较努力、表现优异，或者对完成当前的科研任务充满信心和希望，能够乐观地面对，获取的实质性或潜在资源较多，这为他们预期能够在较短时间内毕业提供了资本；主要在校方从事研究的博士生在校方社会资本上的得分最高，而主要在院所从事研究的博士生在院所社会资本上的得分最高，原因可能在于科研工作是攻博期间的主要内容，因此，在哪一方从事科研工作，必然和该方导师之间建立的关系和连接更为紧密，获得的资源、信息和知识支持也更多。

（二）政策建议

通过理论层面和实证层面的研究，本研究探索了校所联培博士生科技人力资本的发展机制，分别对科技人力资本的外部条件、内部要素关系模型进行了检验，对涉及当前联合培养工作的组织层面和博士生个体层面的一些重要变量间的确切关系进行了验证，以期为联合培养项目主管部门、各参与单位提供一定启示和参考。

第一，推进合作需求模式和协同联盟模式，通过校所实质性合作提升联培博士生的社会资本。

在网络结构观的视角下，当前联培各种模式在内部网络闭合性以及组织间结构洞方面呈现不同的网络连接特点，这就决定了校所组织间的合作程度，非冗余性知识、信息、资源、技能的可得性及其在项目内部的凝聚性。基于上述分析，要真正整合校所双方的优势异质性资源，推动科教结合，实现拔尖创新人才培养以及催生重大科研成果的目标，联培专项有关主管部门以及各参与方应注意以下方面：

（1）有关主管部门应完善联培专项的准入及监督机制、规范。联培专项相应的准入和监督机制的缺乏导致一些专项实质上成为纯粹的招生名额分配或增加本方的招生名额等"搭便车"行为，联培项目有名无实，校所双方无法实现有效的"强强联合"，进而无法建立起组织间的强连接。一方面，从目前的情况来看，承担联合培养专项的高校、工程院所在所涉及的学科都优势明显，但是这些并不能作为能够承担专项的唯一标准。主管部门在双方合作需求、合作单位人才培养能力、具体运行措施和规范、双方单位，尤其是导师之间的合作基础和经验等方面都缺乏考量。另一方面，在项目运行中，也缺乏必要的监督和质量控制机制。招生名额在下达给各联培项目之后，一般由联培项目所依托单位的研究生管理部门进行具体的管理，但由于联培博士生群体较小，未得到应有的重视，博士生实质上仍处于传统高校的博士培养环节和质量控制标准当中，导师和学生的诉求缺乏有效的表达与反馈渠道，这也违背了项目的初衷。

（2）应注意合作双方互惠性和信任关系建立，提升合作方的积极性。从实际案例中反映出，一些合作单位缺乏联合培养的积极性，对联培的目标、运行等缺乏必要的了解。一方面，互惠性是校所双方在人才培养方面建立强连接的先决条件之一。一般而言，工程院所没有博士学位授予权，以往多依托高校进行委托培养，但随着博士生就业市场的变化，工程院所对于博士生培养的需求也随之发生变化，因此，在选择联培合作单位时，应当充分考虑联培是否能给双方带来共同收益。另一方面，信任是双方合作连接的核心因素，它保障双方异质性资源、信息的转移和共享。参与联培的院所多为保密单位，一些院所与合作高校甚至在一定程度上存在着竞争关系，因此信任的建立尤为重要。信任源于双方明确的规范和不断的交流沟通，如果在联培开展之前，缺乏先行沟通，未划清各方责权利关系，双方将难以构建起信任关系，合作中充满猜忌、犹豫也将不利于双方强连接的建立。

（3）在培养过程中要做好各培养环节的衔接。由于对博士生的培养涉及了校所双方，双方在投入各自的培养资源的同时，不应该仅仅是资源的拼凑，应着眼于资源的整合，具体到培养过程中，各环节应该能够相互配合，相互衔接。从实践情况来看，基于校所双方或双方导师共同承担的科研项目培养博士生是有效整合各方资源的"融合剂"。一方面，根据课题需求，双方导师可以在招生环节对学生的学科背景、科研训练情况等做出要求，在课程环节使学生的学习与后续科研实践实现匹配，最大化地获取双方的优势培养资源。另一方面，合作课题将博士生与双方导师凝聚于联培项目之内，个体之间的频繁沟通与交流进一步实现双方资源在联合培养项目内部的整合。联培项目还应平衡好工程实践与学术研究标准之间的关系。工程院所更多地面向工程实践和社会现实问题，且由于工程院所的企业性质，其研究课题更多地关注市场需求和现实收益，校所双方或双方导师应平衡好工程现实问题解决和科学问题提炼之间的关系，避免学生产生"认同危机"。

（4）以双方切实的合作需求为导向。校所联培博士生试点工作是一个不断探索和不断发展的过程，我们需要在实践中不断发现问题、解决问题，使之得以改进、调整和不断发展。根据对实践案例的分析，要实现既定目标，需要在现有联培实践的基础上，逐步向"合作需求模式"和"协同联盟模式"推进。其一，以科学与工程合作项目为基础，实现多学科交叉，推动学科建设。充分利用国家开展的重大改革项目,以国家和行业发展的重大需求为导向,有针对性地培养有潜力的优秀人才。从实践案例中可以看出,以校所双方既有的重大科研合作项目为纽带,科研与人才培养相互配合,不仅双方导师积极投入到博士生的培养过程中,校所双方优势学术、科研资源也得到充分的调动和整合。其二,联培项目的持续发展有赖于校所双方在不断探索和解决未知科学和工程问题中的强烈合作需求。宏观层面的推动和牵引,良好的合作基础等为联培工作创造了内外部组织条件,校所还应当在学科交叉、跨学科等方面加强合作,围绕国家战略目标和经济社会发展中的重大科技问题,通过开辟新的研究领域甚至催生新的学科激发校所合作的内生动力,保证人才培养需求的持续性。其三,推进工程领域高层次人才培养的开放性。具体来讲,建议政府、基金机构、工程院所(企业)等对于联培项目应设立专门的、持续的项目、资金资助及奖项,鼓励高校与院所以现实学术科研、工程问题和需求为基础进行合作申请,并以此作为人才培养的沃土。

第二,重视校所邻近性在联合培养项目伙伴选择中的重要意义。

邻近性在校所联合培养中的重要性表现为,当高校与工程院所之间存在着相似的组织情景时,人才培养合作将更有效并产生良好的效果,因为这种相似性能够促进合作各方在人才培养过程中的相互理解,这样一来,组织邻近能够产生一种整合校所双方课程、师资、科研资源、信息,转移双方默会知识的能力。而地理邻近性在合作中的重要性体现在,较小的地理距离能够有效促进双方导师、师生、团队、课题组人员之间面对面的,甚至定期的互动和交流,以此促进知识、技术、信息的转移和创新,而较大的地理距离将使得默会知识的转移变得困难,甚至也会影响到编码知识的转移,并且给博士生充分利用双方资源带来了难度,也不利于双方对于博士生的管理。基于邻近性对于组织合作的重要性，主管部门和各参与单位应注意：

（1）尽可能考虑合作伙伴与自身在教学、研发、学科和行业影响力等方面是否匹配或是否具有互补性，从而有效降低协同成本并避免合作中出现因能力不匹配或差异过大而出现不平等，真正实现"1+1大于2"的协同效应。可以考虑已有先期合作基础的伙伴进行联培，基于双方业已建立的相互了解、信任及行之有效的规则，能在很大程度上解决信息不对称问题和降低双方在联培过程中的成本。应当给予校所双方的组织邻近性以足够的重视，尤其是在双方具备共同的合作理念和目标基础上，这样，校所双方才会更有动力进行实质性联合，推进协同发展，因为这不仅涉及联培的目标定位，也会直接影响到校所各自的利益。虽然实际案例材料中也明确反映出"同城联合"对联培的重要作用，也应当注意到，在当前的技术条件下，信息沟通、交流、传播工具以及远距离教育技术的发展能够在一定程度上缓解校所地理距离过远对联培带来的不利影响。在技术/知识方面的邻近有助于校所双方导师之间、师生之间迅速结对匹配，促进相关科研项目的迅速展开，从而提高教育和科研效率，但不能过度强调技术邻近，这不利于学科之间的交叉，影响学生培养效果和科技创新效果。

（2）联培项目不仅仅需要通过邻近性形成双方优势资源池（Resource Pool），更重要的是要通过邻近性确保双方对稀缺性资源的共享和默会知识的流动。其一，在结合行业和工程实际不断完善联培课程和授课方式，整合校所双方的优秀师资组建稳定授课团队的基础之上，通过互认学分，体系打通等方式保证双方课程资源得以共享。其二，根据具体项目和导师合作基础等进行结对，充分调动导师的积极性与参与热情。其三，双方导师统筹、合理安排博士生的论文和科研实践工作,为博士生选取企业方或双方承担的重大课题,这样,学生能充分利用双方实验室资源以及科研指导,并能够有效促进默会知识在校所的流动转移。其四,除上述必要资源投入和共享外,校所双方还应当提供专门性资源投入,如成立专门的研究机构或生产实习基地,设置专项基金或奖助学金支持学生的科研工作、学术交流,邀请国内外知名学者开展前沿讲座和学术报告,举办高水平学术论坛、会议等。

(3) 建立科学规范的项目组织管理机制,尤其是保障校所双方沟通协调机制的畅通,使邻近性优势落到实处。其一,通过签署项目协议,制定明确规章制度和监督机制规范各方在合作过程中的责权利,做好项目顶层设计;其二,成立专门的项目管理机构,划分相应的职能单元,对培养各环节、日常管理等具体工作进行安排和管理,提供相应途径供学生、双方导师或其他相关人员和机构反映合作过程中的问题和不足,并及时进行反馈;其三,将合作主体间的交流沟通落到实处,如典型案例中实行每周五例会制度,全体教员参会就联培项目的教学、科研、行政的各项工作进行集体讨论,同时院所方专家和工作人员定期参加,就招生、课程、导师等具体事项的协作和决策展开共同研讨并做出具体部署。学生通过定期例会制度以及多元化的沟通工具向双方导师、课题组进行科研工作汇报,导师充分掌握学生实际学习和科研情况,提高导师之间、师生之间以及学生之间沟通交流的频率和质量,避免双导师或导师组指导流于形式。

(4) 校所合作应强调一种广义的邻近性,以避免锁定效应发生。以认知邻近性为例,在跨学科研究、学科交叉融合成为当前知识生产模式转变、发展的背景下,不应当单纯地、片面地强调双方,尤其是指导老师在学科、研究领域上的邻近性,而应当把重点放在双方对于具体现实问题的共同追求、共同理解之上,力求建立一种跨学科,甚至超学科的人才培养和科学研究环境,而不是囿于某一单一学科或领域,这也是当前实现培养拔尖创新人才,解决国家、社会重大现实问题的重要途径。

第三,创新能力培养过程中应加强联培博士生心理资本的建设。

通过实证研究已发现联培博士生的积极心理状态在社会资本与创新能力关系中的重要作用,如同人力资本和社会资本一样,心理资本同样是可以被投资和管理的(Luthans et al., 2004),与传统的金融资本和实体性资产不同,对心理资本的投资相对容易,并且在心理学界,已有很多研究者提出了心理资本建设的有效途径。本研究建议在加强联培博士生心理资本建设的过程中可借鉴积极心理学和组织行为学研究中提出的一系列方法:

(1)通过帮助博士生获取掌控体验、替代经验、社会说服等方式提升其自我效能。掌控体验是建立自我效能最有效的方法之一,因为它提供了关于成功最直接的信息,但是取得成就并不会直接带来自信,环境过程(例如任务复杂程度)和认知过程(例如对自身能力的感知)都会对自信心带来影响。班杜拉指出通过坚持不懈和学习能力所获得的掌控体验将构成一种持久的自信感受,但是从成功中建构起的自信心易于建立,却缺乏持久性和稳定性。因此,在联合培养过程中,为了提升联培博士生的自我效能感,关键还是在于强化博士生通过持之以恒的治学和研究态度,提升博士生的学习和科研中的创新、创造能力。事实上,个体并不一定需要通过直接体验去建构自信心,通过观察他人或者榜样的作用一样可以起到获取自信的作用。由于联合培养项目中的博士生相对较少,大多数博士生身处科研院所,缺乏学术朋辈人员的交流,这样的情况下,他们在学习和科研过程中易产生困惑,对自己是否有能力去完成具体的科研任务会缺乏信心,因此培养方可以通过新老生经验交流、座谈或者优秀联培博士生、青年学者的事迹报告会等活动帮助联培博士生,尤其是新生获取替代性经验,帮助其在学习和科研工作中有进行创新的自信。受人尊敬的、能力强的个体通过"口头说服"能够帮助个体建立起自我效能,尽管这种方法不如前两种有效且有时会被简化为一种"强者(Can-Do)"态度。在联培培养过程中,校所双方导师应该承担起社会说服的角色,双方导师对于学生来讲,具备了权威人士的特征,他们与学生的接触是最直接的,了解也是最深的,因此,通过持续性的关于做好科研工作,进行创新尝试的社会说服,也将有助于学生树立自信心。

(2) 对于希望感的提升,根据斯奈德(2000)[1]、路桑斯和延森(Jensen,2002)[2] 的研究,可以从如下方面着手:设置并明确具体的和有一定挑战性的团队或个人科研创新目标,在完成科研课题时,导师应当明确博士生具体的工作任务、工作量、时间节点等,引导其建立有挑战但可实现的目标。引导博士生在完成科研任务时,学会将目标细化为具体易于管理的具体步骤,这将有助于学生明确自己在科研中的进展,并不断创造出获取阶段性"胜利"的直接体验。在科研工作中,导师在引导博士生实现设定目标的过程时,要有替代性的计划和路径,并清醒地知道何时该使用这些替代计划和路径,在陷入困局后,要有能够及时重新树立目标的能力。此外,校所双方导师应当对博士生的学习和科研过程进行适当的鼓励和肯定。

---

[1] C.R.Snyder,*Handbook of Hope*,San Diego:Academic Press.2000.

[2] F.Luthans and S.M.Jensen,"Hope:A New Positive Strength for Human Resource Development",*Human Resource Development Review*,Vol.1,No.3,2002,pp.304-322.

(3) 对于乐观、韧性等的塑造和提升,根据莱维奇(Reivich)和萨特(Shatté)的建议①,博士生在面对挑战和难题时,双方导师要引导博士生辨别出那些不利于推进学习、科研工作的信念、态度,评价这些态度和信念的准确性,建立起更具建设性、可行性的信念。有韧性的博士生一般特征是具有较好的社交能力、问题解决能力、独立自主性,所有这些都可以用以帮助博士生强化其心理资本。众所周知,科学研究、创新需要持续不断的努力和百折不挠的探索精神,在科研中会不断遭受挫折,因此,在科研中遇到难题或者出现错误时,要避免负面思维陷阱(Negative Thinking Traps),引导博士生检验对于具体科研、创新问题的观念的准确性,并及时找到行之有效的解决办法,当面临情绪困扰或者压力时,尽可能保持清醒冷静的头脑。

(三) 研究局限及展望

本研究采用了科学、客观、严谨的研究方法,但是也存在一些不足之处,这也驱动我们在未来的研究中做出进一步的改进和完善。本研究在数据来源和研究方法等方面有一定的局限性。本研究使用了典型案例访谈、案例文本和问卷调研法等数据采集方法。在问卷调查环节,对10个高校与工程院所联合培养项目进行了调研,涉及5所高校与10余家工程科研院所。通过项目所在高校的研究生管理部门对200名联培博士生进行了问卷调查,回收有效问卷176份。由于联培博士生群体相对于普通博士生群体而言,规模较小,且这些博士生散布于不同的院所、实验室,集中度较低,

---

① K.Reivich and A.Shatté, *The Resilience Factor: 7 Essential Skills for Overcoming Life's Inevitable Obstacles*, New York: Broadway Books, 2002.

这对我们的取样、问卷发放工作以及样本的代表性等都带来了很大的挑战。但是考虑到北京地区的高校与工程院所开展联培专项的时间较早，项目也较为集中，且校所联培专项整体招生数量相对较多，因此，所选取的样本和最终的调研数据在很大程度上是能够反映我国当前校所联培专项的实际情况的。此外，在本研究中只考虑了邻近性和合作程度等重要的组织层面变量，这可能对于博士生科技人力资本发展机制的解释力有一定的局限性。基于此，在未来研究中，可在如下方面进行改进和完善：

第一，建议在未来研究中，要加强与各联合培养参与单位的研究生管理部门的合作、沟通、协调，使得研究样本尽可能地覆盖更多的联培博士生。由于联培博士生是小群体，进行量化研究的难度较大，因此，针对小样本群体通过质的研究可能更为合适，也能够挖掘更多更为深入的问题和把握联培的实质性规律。在后续研究中将尽可能多地增加质的研究比例，配合量化研究，使研究结果更具解释力。

第二，建议在未来研究中尽可能地开展针对已毕业校所联培博士生的调研，以及对相同高校中同学科领域中参与联合培养和未参与联合培养的博士生的对比研究。一方面，作为完整地"体验"了联合培养项目的群体，已毕业校所联培博士生对联合培养项目的评价、认知、收获、后续的科研能力、创新能力、实践能力等能更为客观地反映出联合培养实践取得的成效和反映出的问题；另一方面，通过对参与联合培养和未参与联合培养的博士生的对比研究，能够及时发现当前联培项目中，尤其是在一些关键培养环节中存在的问题。

第三，本研究基于博士生科技人力资本发展机制模型，检验了组织邻近性、校所合作程度、社会资本、心理资本以及博士生个体创新能力之间的关系。由于校所联培项目的复杂性,在后续研究中应当尽可能考虑更多其他的组织、环境变量与个体变量对于创新能力以及其他培养效果类变量的影响机制和路径,要广泛涉猎其他学科,尤其是组织间合作研究的最新进展和理论,建立起更具解释力的统合性模型,使本领域研究结论更具可借鉴性和推广性。

参考文献

［1］陈向明：《质的研究方法与社会科学研究》，教育科学出版社 2000 年版。

［2］马永红等：《高校与科研院所联合培养研究生典型案例汇编（2012）》，北京大学出版社 2014 年版。

［3］曹浩文、杜育红：《人力资本视角下的技能：定义，分类与测量》，载《理论视野》，2015 年第 3 期。

［4］曹健、郁秋亚：《依托大企业，开展产学研联合培养工程硕士基地建设》，载《苏州大学学报（工科版）》，2004 年第 6 期。

［5］陈璧辉、巩键、张炜：《心理资本，创新气氛与创新行为关系研究进展》，载《科技管理研究》，2013 年第 5 期。

［6］陈国荣、唐燕辉：《中法联合培养研究生的实践与探索》，载《化工高等教育》，2005 年第 2 期。

［7］陈黔等：《军队综合性医院联合培养研究生完成课题的立足点》，载《解放军医院管理杂志》，2001 年第 1 期。

［8］陈群：《深度国际学术合作与人才培养机制创新——以华东师大—法国高师集团研究生联合培养项目为例》，载《世界教育信息》，2013 年第 10 期。

［9］陈新忠、李忠云、胡瑞：《研究生创新能力评价的三个基本问题》，载《学位与研究生教育》，2010 年第 1 期。

[10] 成都科技大学：《多形式横向联合培养研究生》，载《学位与研究生教育》，1987年第2期。

[11] 邓丽芳、丁喆、刘祖良：《研究生心理资本与就业取向的关系研究——以北京，厦门，沈阳三地多所高校的研究生为案例》，载《研究生教育研究》，2013年第3期。

[12] 邓存瑞：《国外研究生教育的教学、科研与生产一体化》，载《辽宁教育研究》，1988年第1期。

[13] 邓存瑞：《国外研究生教育改革中值得关注的几个趋势》，载《比较教育研究》，1988年第4期。

[14] 丁岚、李海峥：《赴美联合培养博士生择校问题分析》，载《高等教育研究》，2010年第10期。

[15] 董泽芳：《博士生创新能力的提高与培养模式改革》，载《高等教育研究》，2009年第5期。

[16] 房鼎业、徐心茹、马桂敏：《产学研结合培养工程型硕士》，载《华东理工大学学报（社会科学版）》，2000年第3期。

[17] 傅利平、张志刚、刘一方：《哈佛大学专业学位研究生联合培养项目及其启示》，载《学位与研究生教育》，2012年第2期。

[18] 高兴武、胡涌：《北京市产学研联合培养研究生的现状、问题与对策——基于调查问卷的分析》，载《中国高教研究》，2010年第11期。

[19] 高兴武、王华荣：《产学研联合研究生培养基地建设评价指标体系研究》，载《现代教育管理》，2011年第7期。

[20] 顾琴轩、王莉红：《人力资本与社会资本对创新行为的影响——基于科研人员个体的实证研究》，载《科学学研究》，2009年第10期。

[21] 顾远东、彭纪生：《组织创新氛围对员工创新行为的影

响：创新自我效能感的中介作用》，载《南开管理评论》，2010年第1期。

[22] 郭德侠、吴豪伟、宁晓钧：《高校联合培养研究生的成效、问题及协同创新——对钢铁研究院等42家研究机构问卷调查分析》，载《北京科技大学学报（社会科学版）》，2014年第2期。

[23] 韩黎、李茂发：《农村大学生抑郁与社会支持心理韧性的关系》，载《中国学校卫生》，2014年第3期。

[24] 郝艳华等：《中澳联合培养卫生管理硕士研究生项目的评价研究》，载《中国卫生事业管理》，2005年第12期。

[25] 郝正里、何振东：《联合培养研究生方式的探讨》，载《甘肃农业大学学报》，1996年第4期。

[26] 何峰、胡晓阳、贾爱英：《国家公派联合培养博士生留学成效初探——基于"国家建设高水平大学公派研究生项目"》，载《学位与研究生教育》，2012年第6期。

[27] 何峰等：《高等学校与工程科研院所联合培养博士生试点工作实施效果的调查分析》，载《学位与研究生教育》，2014年第2期。

[28] 侯二秀、陈树文、长青：《企业知识员工心理资本、内在动机及创新绩效关系研究》，载《大连理工大学学报（社会科学版）》，2012年第2期。

[29] 胡涌等：《北京市产学研联合培养研究生模式的类型分析与选择》，载《中国林业教育》，2012年第4期。

[30] 黄辛白：《贯彻调整精神，改进研究生招生工作》，载《人民教育》，1981年第6期。

[31] 黄峥：《关于产学研联合培养研究生的思考》，载《科技信息（学术研究）》，2006年第12期。

［32］季峻、庞凤君、单世明：《大型企业与重点大学合作培养研究生的探索》，载《高等工程教育研究》，1994年第3期。

［33］姜友芬等：《影响研究生创新能力培养的导师因素分析》，载《复旦教育论坛》，2006年第6期。

［34］金辉、杨忠、冯帆：《社会资本促进个体间知识共享的作用机制研究》，载《科学管理研究》，2010年第5期。

［35］柯江林、郭蕾：《大学生心理资本对创新行为影响的实证研究》，载《福建江夏学院学报》，2013年第1期。

［36］李安萍等：《产学研相结合的协作式研究生培养模式的构建——以江苏省企业研究生工作站为例》，载《中国成人教育》，2010年第21期。

［37］李安萍、陈若愚、胡秀英：《产学研联合培养研究生精英人才的制度创新——江苏产业教授制的探索与思考》，载《现代教育科学》，2012年第1期。

［38］李琳、郑刚、杨军：《我国产学研合作创新中的地理邻近效应——基于产学研合作创新优秀案例的统计分析》，载《工业技术经济》，2012年第9期。

［39］李琳、张宇：《地理邻近与认知邻近下企业战略联盟伙伴选择的影响机制——基于SIENA模型的实证研究》，载《工业技术经济》，2015年第4期。

［40］李旭：《大学生社会支持与生命意义的关系：乐观的中介和调节作用》，载《中国特殊教育》，2015年第1期。

［41］李祖超、张丽：《科研实践培养理工科研究生创新能力的路径探索——基于结构方程模型的分析》，载《高等教育研究》，2014年第11期。

［42］梁忠民：《水文水资源学科联合培养研究生模式的探索与实践》，载《河海大学学报（哲学社会科学版）》，2005 年第 1 期。

［43］刘丹、王飞、王宗霞：《研究生创新绩效的影响因素分析及提升路径研究》，载《科学管理研究》，2015 年第 4 期。

［44］刘娟：《国外产学研联合培养研究生的主要模式及策略研究》，载《职业技术教育》，2009 年第 28 期。

［45］刘娟：《校企合作：欧洲博士生培养改革的新选择》，载《大学（学术版）》，2012 年第 1 期。

［46］刘文翠、汤琦瑾、黄镭：《新疆产学研联合培养研究生模式选择》，载《新疆财经大学学报》，2013 年第 4 期。

［47］刘贤伟、马永红：《高校与科研院所联合培养研究生的合作方式研究——基于战略联盟的视角》，载《研究生教育研究》，2015 年第 2 期。

［48］刘贤伟、马永红：《校所联合培养博士生项目目标定位及其影响因素模型构建——基于扎根方法》，载《高等工程教育研究》，2016 年第 2 期。

［49］刘亚敏、胡甲刚：《校企联合培养：欧洲博士生教育的新探索》，载《学位与研究生教育》，2012 年第 10 期。

［50］刘缨、胡赤弟：《高校产学研合作教育模式探析》，载《黑龙江高教研究》，2004 年第 8 期。

［51］卢小君、张国梁：《工作动机对个人创新行为的影响研究》，载《软科学》，2008 年第 6 期。

［52］吕红艳：《博士研究生创新能力内涵及提升路径》，载《江苏高教》，2013 年第 5 期。

［53］裴旭等：《基于"校所结合"的创新型研究生培养模式探

讨》，载《学位与研究生教育》，2007年第10期。

[54] 清华大学教育研究所：《苏美高校与企业及科研单位联合培养研究生的途径》，载《高等工程教育研究》，1990年第3期。

[55] 瞿佳等：《中美联合培养眼视光学博士研究生的探索与启示》，载《医学教育》，2005年第1期。

[56] 上海戏剧学院舞美系灯光教研组：《首届舞台灯光研究生毕业论文答辩会》，载《戏剧艺术》，1982年第4期。

[57] 盛亚、范栋梁：《结构洞分类理论及其在创新网络中的应用》，载《科学学研究》，2009年第9期。

[58] 司有和：《中国科技大学是怎样培养研究生的》，载《中国高等教育》，1982年第11期。

[59] 宋欣、周玉玺：《心理资本对知识型员工创新绩效影响的作用机制研究》，载《山东农业大学学报（社会科学版）》，2013年第1期。

[60] 宋欣、周玉玺、杨阳：《心理资本对知识员工创新绩效的影响机制研究——跨层次分析模型》，载《科技与经济》，2014年第4期。

[61] 苏兆斌、李天鹰：《欧盟一体化背景下欧洲博士生教育的新进展》，载《学位与研究生教育》，2013年第8期。

[62] 孙家君：《厂校联合培养研究生，建设企业高科技队伍》，载《学位与研究生教育》，1992年第5期。

[63] 王东芳、沈文钦：《研究生院在欧洲的制度扩散与结构功能分析》，载《高等教育研究》，2010年第4期。

[64] 王煌：《江苏省建立农业"产学研"研究生联合培养基地》，载《学位与研究生教育》，2001年第Z2期。

[65] 王文言：《厂校联合培养研究生——本钢发展的科技储备》，载《学位与研究生教育》，1993年第3期。

[66] 王艳、施志仪：《产学研联合培养研究生的实践探索》，载《中国高等教育评估》，2007年第4期。

[67] 王雁飞、朱瑜：《心理资本理论与相关研究进展》，载《外国经济与管理》，2007年第5期。

[68] 王颖：《社会资本对研究生就业影响的实证研究》，载《当代教育与文化》，2013年第5期。

[69] 王增贤等：《多学科联合培养研究生的实践与体会》，载《中国高等医学教育》2008年第6期。

[70] 王正青：《欧盟国家校企联合培养博士的策略与经验》，载《学位与研究生教育》，2011年第12期。

[71] 尉建文：《企业社会资本的概念与测量：一个综合理论分析框架》，载《社会》，2008年第6期。

[72] 魏婧、魏荣：《论研究生的心理资本及其培育》，载《学位与研究生教育》，2015年第3期。

[73] 魏进平：《地方高校研究生培养模式——产学研合作教育的探索》，载《国家教育行政学院学报》，2008年第9期。

[74] 温静、黄伟九、罗云云：《产学研联合培养研究生的模式研究》，载《中国电力教育》，2009年第2期。

[75] 温忠麟、侯杰泰、张雷：《调节效应与中介效应的比较和应用》，载《心理学报》，2005年第2期。

[76] 吴宏翔、熊庆年、顾云深：《我国研究生创新能力不足的表现》，载《学位与研究生教育》，2005年第9期。

[77] 吴剑琳、王茜、古继宝：《导师自主性支持对研究生创造

力影响机制研究》，载《科研管理》，2014年第7期。

［78］吴平：《我国高校产学研合作教育模式探析》，载《高校教育管理》，2008年第3期。

［79］吴志军等：《同济大学车辆工程领域全日制专业学位研究生校企联合培养模式的探索》，载《学位与研究生教育》，2012年第8期。

［80］肖艳：《协同学在研究生培养中的应用——基于"上海研究生联合培养基地"的研究》，载《教育发展研究》，2007年第1期。

［81］许海元：《大学生心理资本发展现状的评估与分析》，载《中国高教研究》，2015年第7期。

［82］徐九华、谢玉玲、邹一民：《高校与科研院所联合培养研究生的几点认识》，载《中国冶金教育》，2008年第5期。

［83］杨晓明、冯茜：《研究生创新能力影响因素实证分析》，载《研究生教育研究》，2014年第6期。

［84］姚家华、夏蓓蕾：《发挥各自的优势，校所联合培养研究生》，载《学位与研究生教育》，1990年第1期。

［85］余学军、侯志峰、刘波：《合作共治与协同创新——甘肃高校与科研院所、企业联合培养研究生的探索与实践》，载《学位与研究生教育》，2013年第7期。

［86］袁本涛、延建林：《我国研究生创新能力现状及其影响因素分析——基于三次研究生教育质量调查的结果》，载《北京大学教育评论》，2009年第2期。

［87］赵斌、付庆凤、李新建：《科技人员心理资本对创新行为的影响研究：以知识作业难度为调节变量》，载《科学学与科学技术

管理》，2012 年第 3 期。

[88] 赵冬梅、赵黎明：《依托行业优势构建校企联合培养应用型研究生长效机制的探索与实践》，载《学位与研究生教育》，2013 年第 2 期。

[89] 赵韩强等：《国外大学产学合作教育对我国实施卓越工程师教育培养计划的启示》，载《高等理科教育》，2010 年第 4 期。

[90] 赵善玲：《山东省校际研究生联合培养基地教育质量保证研究》，山东师范大学硕士学位论文，2013 年。

[91] 张华、席酉民、丁琳：《社会网络对个体创造力的作用机理研究》，载《科学学与科学技术管理》，2008 年第 11 期。

[92] 张庆玲、张斌、张宝和：《研究生社会资本与研究生就业关系探讨》，载《中国高教研究》，2007 年第 10 期。

[93] 张文宏：《社会资本：理论争辩与经验研究》，载《社会学研究》，2003 年第 4 期。

[94] 张雁冰、刘和福、古继宝：《研究生进取心与社会资本对创新能力培养的影响研究》，载《学位与研究生教育》，2014 年第 5 期。

[95] 郑路鸿、陈成文：《研究机会对研究生创新能力培养的影响研究——基于湖南长沙五所高校研究生的实证研究》，载《学位与研究生教育》，2008 年第 2 期。

[96] 郑雯：《大学生社会支持与希望的关系研究》，载《首都师范大学学报（社会科学版）》，2009 年第 S4 期。

[97] 郑晓涛、郑兴山、石金涛：《员工社会资本对其组织承诺的影响》，载《管理评论》，2008 年第 5 期。

[98] 仲理峰：《心理资本研究评述与展望》，载《心理科学进

展》,2007年第3期。

[99] 朱高侠等:《社交媒体对大学生读研自我效能感的影响研究——以社会资本为视角》,载《现代教育技术》,2014年第11期。

[100] 周桂清:《所校联合培养研究生初探》,载《学位与研究生教育》,1986年第4期。

[101] 周济:《育人为本、协同创新——在高等学校和工程研究院所联合培养博士研究生2011年试点工作座谈会上的讲话》,载《学位与研究生教育》,2012年第1期。

[102] 贺红岩:《博洛尼亚进程下德国学位制度的改革》,河北师范大学硕士学位论文,2007年。

[103] 夏清泉:《科研机构与高等院校联合培养研究生的机制研究》,中国科学技术大学博士学位论文,2013年。

[104] A. Bonaccorsi and A. Piccaluga, "A Theoretical Framework for the Evaluation of University-Industry Relationships", *R&D Management*, Vol.24, No.3, 1994, pp.229-247.

[105] A. Burmeister and K. Colletis-Wahl, "Proximity in Production Networks The Circulatory Dimension", *European Urban and Regional Studies*, Vol.4, No.3, 1997, pp.231-241.

[106] A. Cummings and G. R. Oldham, "Enhancing Creativity: Managing Work Contexts for the High Potential Employee", *California Management Review*, Vol.40, No.1, 1997, pp.22-38.

[107] A. D. Stajkovic and F. Luthans, "Self-Efficacy and Work-Related Performance: A Meta-Analysis", *Psychological Bulletin*, Vol.124, No.2, 1998, p.240.

[108] A. L. Vinding, *Product Innovation, Interactive Learning and Eco-*

nomic Performance: Research on Technological Innovation and Management Policy, Oxford: Elsevier Ltd, 2004.

[109] A. M. Subramanian, K. Lim and P. H. Soh, "When Birds of a Feather don't Flock together: Different Scientists and the Roles They Play in Biotech R&D Alliances", Research Policy, Vol. 42, No. 3, 2013, pp.595-612.

[110] A. M. Thomson and J. L. Perry, "Collaboration Processes: Inside the Black Box", Public Administration Review, Vol. 66, No. s1, 2006, pp.20-32.

[111] A. Rego, F. Sousa, C. Marques and M. P. E. Cunha, "Authentic Leadership Promoting Employees' Psychological Capital and Creativity", Journal of Business Research, Vol.65, No.3, 2012, pp.429-437.

[112] A.Torre and A. Rallet, "Proximity and Localization", Regional Studies, Vol.39, No.1, 2005, pp.47-59.

[113] A.Torre and J.P.Gilly, "On the Analytical Dimension of Proximity Dynamics", Regional Studies, Vol.34, No.2, 2000, pp.169-180.

[114] B.Bozeman and C.Boardman, Research & Technology Collaboration and Linkages: Implications from Two US Case Studies, Report to the Council of Science & Technology Advisors, Ottawa, 2001.

[115] B.Bozeman and E.Corley, "Scientists' Collaboration Strategies: Implications for Scientific and Technical Human Capital", Research Policy, Vol.33, No.4, 2004, pp.599-616.

[116] B.Bozeman and H.K.Klein, "The Case Study as Research Heuristic: Lessons from the R&D Value Mapping Project", Evaluation and Program Planning, Vol.22, No.1, 1999, pp.91-103.

[117] B. Bozeman, J. S. Dietz and M. Gaughan, "Scientific and Technical Human Capital: An Alternative Model for Research Evaluation", *International Journal of Technology Management*, Vol.22, No.7-8, 2001, pp.716-740.

[118] B.Gemme and Y.Gringas, *Training a New Breed of Researchers, inside and outside Universities*, Working Paper Presented on Colloquium on Research and Higher Education Policy, Paris: UNESCO, 2004.

[119] B.H.Casey, "The Economic Contribution of PhDs", *Journal of Higher Education Policy and Management*, Vol. 31, No. 3, 2009, pp.219-227.

[120] B.Nooteboom, *Learning and Innovation in Organizations and Economies*, Oxford: Oxford University Press, 2000.

[121] C. Autant-Bernard, P. Billand, D. Frachisse and N. Massard, "Social Distance Versus Spatial Distance in R&D Cooperation: Empirical Evidence from European Collaboration Choices in Micro and Nanotechnologies", *Papers in Regional Science*, Vol.86, No.3, 2007, pp.495-519.

[122] C.J.Freund, R.Disque, R.Gowdy and F.Seulberger, "The Co-Operative System: A Manifesto", *Journal of Engineering Education*, Vol. 37, No.2, 1946, pp.117-120.

[123] C.M.Chiu, M.H.Hsu and E.T.G.Wang, "Understanding Knowledge Sharing in Virtual Communities: An Integration of Social Capital and Social Cognitive Theories", *Decision Support Systems*, Vol.42, No.3, 2006, pp.1872-1888.

[124] C.P.Lin, W.T.Hung and C.K.Chiu, "Being Good Citizens: Understanding a Mediating Mechanism of Organizational Commitment and So-

cial Network Ties in OCBs", *Journal of Business Ethics*, Vol. 81, No. 3, 2008, pp.561-578.

[125] C. R. Snyder, *Handbook of Hope*, San Diego: Academic Press, 2000.

[126] C.R.Snyder and D.R.Forsyth, *Handbook of Social and Clinical Psychology: The Health Perspective*, Elmsford, NY: Pergamon Press, 1991.

[127] D. Crane, "Social Structure in a Group of Scientists: A Test of the 'Invisible college' Hypothesis", *American Sociological Review*, Vol. 34, No.3, 1969: 335-352.

[128] D. Gertner, J. Roberts and D. Charles, "University-Industry Collaboration: A CoPs Approach to KTPs", *Journal of Knowledge Management*, Vol.15, No.4, 2011, pp.625-647.

[129] D.J. de Solla Price, *Little Science, Big Science*, New York: Columbia University Press, 1963.

[130] D. J. Kevles, *The Physicists: The History of a Scientific Community in Modern America*, Cambridge, Massachusetts: Harvard University Press, 1995.

[131] D. L. Coutu, "How Resilience Works", *Harvard Business Review*, Vol.80, No.5, 2002, pp.46-56.

[132] D. Narayan and M. F. Cassidy, "A Dimensional Approach to Measuring Social Capital: Development and Validation of a Social Capital Inventory", *Current Sociology*, Vol.49, No.2, 2001, pp.59-102.

[133] D. Schartinger, C. Rammer, M. M. Fischer and J. Frohlich, "Knowledge Interactions between Universities and Industry in Austria: Sectoral Patterns and Determinants", *Research Policy*, Vol.31, No.3, 2002, pp.

303-328.

[134] D. Sweetman, F. Luthans, J. B. Avey and B. C. Luthans, "Relationship between Positive Psychological Capital and Creative Performance", *Canadian Journal of Administrative Sciences*, Vol. 28, No. 1, 2011, pp.4-13.

[135] E. Geisler, "Industry - University Technology Cooperation: A Theory of Inter-Organizational Relationships", *Technology Analysis & Strategic Management*, Vol.7, No.2, 1995, pp.217-229.

[136] E. M. Mora-Valentin, A. Montoro-Sanchez and L. A. Guerras-Martin, "Determining Factors in the Success of R&D Cooperative Agreements between Firms and Research Organizations", *Research Policy*, Vol. 33, No.1, 2004, pp.17-40.

[137] F. Kitagawa, "Collaborative Doctoral Programmes: Employer Engagement, Knowledge Mediation and Skills for Innovation", *Higher Education Quarterly*, Vol.68, No.3, 2014, pp.328-347.

[138] F. Luthans, B. J. Avolio, J. B. Avey and S. M. Norman, "Positive Psychological Capital: Measurement and Relationship with Performance and Satisfaction", *Personnel Psychology*, Vol.60, No.3, 2007, pp.541-572.

[139] F. Luthans, B. J. Avolio, F. O. Walumbwa and W. Li, "The Psychological Capital of Chinese Workers: Exploring the Relationship with Performance", *Management and Organization Review*, Vol.1, No.2, 2005, pp.249-271.

[140] F. Luthans and C. M. Youssef, "Human, Social, and Now Positive Psychological Capital Management: Investing in People for Competitive Advantage", *Organizational Dynamics*, Vol. 33, No. 2, 2004,

pp.143-160.

[141] F. Luthans, C. M. Youssef and B. J. Avolio, *Psychological Capital*, New York, NY: Oxford University Press, 2007.

[142] F.Luthans, C.M.Youssef and S.L.Rawski, "A Tale of Two Paradigms: The Impact of Psychological Capital and Reinforcing Feedback on Problem Solving and Innovation", *Journal of Organizational Behavior Management*, Vol.31, No.4, 2011, pp.333-350.

[143] F.Luthans, K.W.Luthans and B.C.Luthans, "Positive Psychological Capital: Beyond Human and Social Capital", *Business Horizons*, Vol. 47, No.1, 2004, pp.45-50.

[144] F.Luthans and S.M.Jensen, "Hope: A New Positive Strength for Human Resource Development", *Human Resource Development Review*, Vol. 1, No.3, 2002, pp.304-322.

[145] F.Luthans, S.M.Norman, B.J.Avolio and J.B.Avey, "Supportive Climate and Organizational Success: The Mediating Role of Psychological Capital", *Journal of Organizational Behavior*, Vol. 29, No. 2, 2008, pp.219-238.

[146] F.Ramli, W.Y.Lim and A.A.Senin, "Proposing a Conceptual Framework on Factors to Develop Successful University Industry R&D Collaboration in Malaysia", *Sains Humanika*, Vol.64, No.2, 2013, pp.13-19.

[147] G. P. Pisano, "The Governance of Innovation: Vertical Integration and Collaborative Arrangements in the Biotechnology Industry", *Research Policy*, Vol.20, No.3, 1991, pp.237-249.

[148] G.S.Becker, *Human Capital: A Theoretical and Empirical Analysis, with Special Reference to Education*, Chicago: University of Chicago

Press, 2009.

[149] H. Etzkowitz and L. Leydesdorff, "The Dynamics of Innovation: From National Systems and 'Mode 2' to A Triple Helix of University-Industry-Government Relations", *Research Policy*, Vol. 29, No. 2, 2000, pp. 109-123.

[150] H. Okamuro, "Determinants of Successful R&D Cooperation in Japanese Small Businesses: The Impact of Organizational and Contractual Characteristics", *Research Policy*, Vol. 36, No. 10, 2007, pp. 1529-1544.

[151] J. Björk, F. Di Vincenzo, M. Magnusson and D. Mascia, "The Impact of Social Capital on Ideation", *Industry and Innovation*, Vol. 18, No. 6, 2011, pp. 631-647.

[152] J. Butcher and P. Jeffrey, "A View from the Coal Face: UK Research Student Perceptions of Successful and Unsuccessful Collaborative Projects", *Research Policy*, Vol. 36, No. 8, 2007, pp. 1239-1250.

[153] J. Enders, "Serving Many Masters: The PhD on the Labour Market, the Everlasting Need of Inequality, and the Premature Feath of Humboldt", *Higher Education*, Vol. 44, No. 3-4, 2002, pp. 493-517

[154] J. Hahn, J. Y. Moon and C. Zhang, "Emergence of New Project Teams from Open Source Software Developer Networks: Impact of Prior Collaboration Ties", *Information Systems Research*, Vol. 19, No. 3, 2008, pp. 369-391.

[155] J. Knoben and L. A. G. Oerlemans, "Proximity and Inter-Organizational Collaboration: A Literature review", *International Journal of Management Reviews*, Vol. 8, No. 2, 2006, pp. 71-89.

[156] J. Nahapiet and S. Ghoshal, "Social Capital, Intellectual

Capital, and the Organizational Advantage", *Academy of Management Review*, Vol.23, No.2, 1998, pp.242-266.

[157] J.Wen and S.Kobayashi, "Exploring Collaborative R&D Network: Some New Evidence in Japan", *Research Policy*, Vol.30, No.8, 2001, pp.1309-1319.

[158] J.Zhou and J.M.George, "Awakening Employee Creativity: The Role of Leader Emotional Intelligence", *The Leadership Quarterly*, Vol.14, No.4, 2003, pp.545-568.

[159] J. Zhou, S. J. Shin, D. J. Brass and Z. X. Zhang, "Social Networks, Personal Values, and Creativity: Evidence for Curvilinear and Interaction Effects", *Journal of Applied Psychology*, Vol.94, No.6, 2009, pp.1544-1552.

[160] J.B.Avey, F.Luthans and C.M.Youssef, "The Additive Value of Positive Psychological Capital in Predicting Work Attitudes and Behaviors", *Journal of Management*, Vol.36, No.2, 2010, pp.430-452.

[161] J. B. Avey, T. S. Wernsing and F. Luthans, "Can Positive Employees Help Positive Organizational Change? Impact of Psychological Capital and Emotions on Relevant Attitudes and Behaviors", *The Journal of Applied Behavioral Science*, Vol.44, No.1, 2008, pp.48-70.

[162] J.E.Perry-Smith, "Social yet Creative: The Role of Social Relationships in Facilitating Individual Creativity", *Academy of Management Journal*, Vol.49, No.1, 2006, pp.85-101.

[163] J.E.Perry-Smith and C.E.Shalley, "The Social Side of Creativity: A Static and Dynamic Social Network Perspective", *Academy of Management Review*, Vol.28, No.1, 2003, pp.89-106.

[164] J. F. Dawson and A. W. Richter, "Probing Three-Way Interactions in Moderated Multiple Regression: Development and Application of a Slope Difference Test", *Journal of Applied Psychology*, Vol.91, No.4, 2006, pp.917-926.

[165] J.H.Jung, C.Schneider and J.Valacich, "Enhancing the Motivational Affordance of Information Systems: The Effects of Real-Time Performance Feedback and Goal Setting in Group Collaboration Environments", *Management Science*, Vol.56, No.4, 2010, pp.724-742.

[166] J.P.Liebeskind, "Knowledge, Strategy, and the Theory of the Firm", *Strategic Management Journal*, Vol.17, No.S2, 1996, pp.93-107.

[167] J.S.Coleman, "Social Capital in the Creation of Human Capital", *American Journal of Sociology*, Vol.94, 1988, pp.S95-S120.

[168] J.S.Coleman, *Foundations of Social Theory*, Cambridge, Massachusetts: Harvard University Press, 1994.

[169] K.Nelson and R.R.Nelson, "On the Nature and Evolution of Human Know-How", *Research Policy*, Vol.31, No.5, 2002, pp.719-733.

[170] K.Reivich and A.Shatté, *The Resilience Factor: 7 Essential Skills for Overcoming Life's Inevitable Obstacles*, New York: Broadway Books, 2002.

[171] K.H.Chiang, "A Typology of Research Training in University-Industry Collaboration: The Case of Life Sciences in Finland", *Industry and Higher Education*, Vol.25, No.2, 2011, pp.93-107.

[172] K.M.Harman, "The Research Training Experiences of Doctoral Students Linked to Australian Cooperative Research Centres", *Higher Education*, Vol.44, No.3-4, 2002, pp.469-492.

[173] K.M.Harman, "Producing 'Industry-Ready' Doctorates: Aus-

tralian Cooperative Research Centre Approaches to Doctoral Education", *Studies in Continuing Education*, Vol.26, No.3, 2004, pp.387-404.

[174] K.S.Cameron and A.Caza, "Introduction Contributions to the Discipline of Positive Organizational Scholarship", *American Behavioral Scientist*, Vol.47, No.6, 2004, pp.731-739.

[175] K.W.Artz and T.H.Brush, "Asset Specificity, Uncertainty and Relational Norms: An Examination of Coordination Costs in Collaborative Strategic Alliances", *Journal of Economic Behavior & Organization*, Vol. 41, No.4, 2000, pp.337-362.

[176] L. Borrell – Damian, T. Brown, A. Dearing, J. Font, S. Hagen, J. Metcalfe and J.Smith, "Collaborative Doctoral Education: University – Industry Partnerships for Enhancing Knowledge Exchange", *Higher Education Policy*, Vol.23, No.4, 2010, pp.493-514.

[177] L.Cruz-Castro, L.Sanz-Menéndez, "The Employment of PhDs in Firms: Trajectories, Mobility and Innovation", *Research Evaluation*, Vol. 14, No.1, 2005, pp.57-69.

[178] L. Oerlemans and M. Meeus, "Do Organizational and Spatial Proximity Impact on Firm Performance?" *Regional Studies*, Vol.39, No.1, 2005, pp.89-104.

[179] L.Wallgren and L.O.Dahlgren, "Doctoral Education as Social Practice for Knowledge Development: Conditions and Demands Encountered by Industry PhD Students", *Industry and Higher Education*, Vol.19, No.6, 2005, pp.433-443.

[180] L.A.Reid and A.McCormick, "Knowledge Transfer at the Research-Policy Interface: The Geography Postgraduates' Experiences of Col-

laborative Studentships", *Journal of Geography in Higher Education*, Vol. 34, No.4, 2010, pp.529-539.

[181] M.Abbas and U.Raja, "Impact of Psychological Capital on Innovative Performance and Job Stress", *Canadian Journal of Administrative Sciences*, Vol.32, No.2, 2015, pp.128-138.

[182] M. Abbas, U. Raja, W. Darr and D. Bouckenooghe, "Combined Effects of Perceived Politics and Psychological Capital on Job Satisfaction, Turnover Intentions, and Performance", *Journal of Management*, Vol.40, No.7, 2014, pp.1813-1830.

[183] M.Baer, "The Strength-of-Weak-Ties Perspective on Creativity: a Comprehensive Examination and Extension", *Journal of Applied Psychology*, Vol.95, No.3, 2010, pp.592-601.

[184] M.Balconi, Tacitness, "Codification of Technological Knowledge and the Organisation of Industry", *Research Policy*, Vol.31, No.3, 2002, pp. 357-379.

[185] M.Basadur, M.Wakabayashi and G.B.Graen, "Individual Problem-Solving Styles and Attitudes toward Divergent Thinking before and after Training", *Creativity Research Journal*, Vol.3, No.1, 1990, pp.22-32.

[186] M. Gaughan and S. Robin, "National Science Training Policy and Early Scientific Careers in France and the United States", *Research Policy*, Vol.33, No.4, 2004, pp.569-581.

[187] M. Gibbons, C. Limoges, H. Nowotny, S. Schwartzman, P. Scott and M.Trow, *The New Production of Knowledge: The Dynamics of Science and Research in Contemporary Societies*, London: Sage Ltd, 1994.

[188] M. Granovetter, "Economic Action and Social Structure: the

Problem of Embeddedness", *American Journal of Sociology*, Vol.91, No.3, 1985, pp.481-510.

[189] M.Perkmann and K.Walsh, "University-Industry Relationships and Open Innovation: Towards a Research Agenda", *International Journal of Management Reviews*, Vol.9, No.4, 2007, pp.259-280.

[190] M.Woolcock, "Social Capital and Economic Development: Toward a Theoretical Synthesis and Policy Framework", *Theory and Society*, Vol.27, No.2, 1998, pp.151-208.

[191] M. E. Gluck, D. Blumenthal and M. A. Stoto, "University - Industry Relationships in the Life Sciences: Implications for Students and Post-Doctoral Fellows", *Research Policy*, Vol.16, No.6, 1987, pp.327-336.

[192] M. E. P. Seligman and M. Csikszentmihalyi, "Positive Psychology: An Introduction", *The American Psychologist*, Vol.55, No.1, 2000, pp.5-14.

[193] M. J. Van Gils, *The Organization of Industry - Science Collaboration in the Dutch Chemical Industry*, Dissertation, University Nijmegen, 2012.

[194] M.S.Granovetter, "The Strength of Weak Ties", *American Journal of Sociology*, Vol.78, No.6, 1973: 1360-1380.

[195] M.W.Lin and B.Bozeman, "Researchers' Industry Experience and Productivity in University-Industry Research Centers: A 'Scientific and Technical Human Capital' Explanation", *The Journal of Technology Transfer*, Vol.31, No.2, 2006, pp.269-290.

[196] N.Salimi, R.Bekkers and K.Frenken, *Governance and Success of University-Industry Collaborations on the Basis of Ph.D.Projects: An Explor-*

ative Study, ECIS Working Paper, 2013.

[197] N. Salimi, R. Bekkers and K. Frenken, "Governance Mode Choice in Collaborative Ph. D. Projects", *The Journal of Technology Transfer*, Vol. 40, No. 5, 2014, pp. 1-19.

[198] National Academy of Sciences, *Industry – University Research Collaborations: Report of a Workshop*, Washington D.C.: National Academy Press, 1997.

[199] O. Bouba-Olga, M. Ferru and D. Pepin, "Exploring Spatial Features of Science-Industry Partnerships: A Study on French Data", *Papers in Regional Science*, Vol. 91, No. 2, 2012, pp. 355-375.

[200] O. Nordhaug, *Human Capital in Organizations: Competence, Training, and Learning*, Oslo: Scandinavian University Press, 1993.

[201] OECD, "Trends in University – Industry Research Partnerships", *STI Review*, No. 23, 1998, pp. 39-65.

[202] P. Bourdieu and L. J. D. Wacquant, *An Invitation to Reflexive Sociology*, Chicago: University of Chicago Press, 1992.

[203] P. A. Balland, "Proximity and the Evolution of Collaboration Networks: Evidence from Research and Development Projects within the Global Navigation Satellite System (GNSS) Industry", *Regional Studies*, Vol. 46, No. 6, 2012, pp. 741-756.

[204] P. S. Adler and S. W. Kwon, "Social Capital: Prospects for a New Concept", *Academy of Management Review*, Vol. 27, No. 1, 2002, pp. 17-40.

[205] R. Bekkers and I. M. B. Freitas, *The Performance of University-Industry Collaborations: Empirical Evidence from the Netherlands*, DRUID 2011 Summer Conference, Copenhagen Business School, 2011.

[206] R.Boschma, "Proximity and Innovation: A Critical Assessment", *Regional Studies*, Vol.39, No.1, 2005, pp.61-74.

[207] R.Landry and N.Amara, "The Impact of Transaction Costs on the Institutional Structuration of Collaborative Academic Research", *Research Policy*, Vol.27, No.9, 1998, pp.901-913.

[208] R.Ponds, F.Van Oort and K.Frenken, "The Geographical and Institutional Proximity of Research Collaboration", *Papers in Regional Science*, Vol.86, No.3, 2007, pp.423-443.

[209] R.D.Putnam, *Bowling Alone: The Collapse and Revival of American Community*, New York, NY: Simon and Schuster, 2001.

[210] R.F.Kleysen and C.T.Street, "Toward a Multi-Dimensional Measure of Individual Innovative Behavior", *Journal of Intellectual Capital*, Vol.2, No.3, 2001, pp.284-296.

[211] R.M.Cyert and P.S.Goodman, "Creating Effective University-Industry Alliances: An Organizational Learning Perspective", *Organizational Dynamics*, Vol.25, No.4, 1997, pp.45-57.

[212] R.S.Burt, "Structural Holes versus Network Closure as Social Capital", In: *Social Capital: Theory and Research*, Eds: N.Lin, K.Cook and R.S.Burt, New Brunswick, NJ: Transaction Publishers, 2001.

[213] R.S.Burt, *Structural Holes: The Social Structure of Competition*, Cambridge, Massachusetts: Harvard University Press, 2009.

[214] R.W.Woodman, J.E.Sawyer and R.W.Griffin, "Toward a Theory of Organizational Creativity", *Academy of Management Review*, Vol.18, No.2, 1993, pp.293-321.

[215] R.W.Woodman and L.F.Schoenfeldt, "An Interactionist Model

of Creative Behavior", *The Journal of Creative Behavior*, Vol. 24, No. 4, 1990, pp.279–290.

[216] S.Kyvik and T.Olsen, "Does the Aging of Tenured Academic Staff Affect the Research Performance of Universities?" *Scientometrics*, Vol. 76, No.3, 2008, pp.439–455.

[217] S. Slaughter, T. Campbell, M. Holleman and E. Morgan, "The 'Traffic' in Graduate Students: Graduate Students as Tokens of Exchange between Academe and Industry", *Science, Technology & Human Values*, Vol.27, No.2, 2002, pp.282–312.

[218] S.G.Scott and R.A.Bruce, "Determinants of Innovative Behavior: A Path Model of Individual Innovation in the Workplace", *Academy of Management Journal*, Vol.37, No.3, 1994, pp.580–607.

[219] S.J.Peterson and F.Luthans, "The Positive Impact and Development of Hopeful Leaders", *Leadership & Organization Development Journal*, Vol.24, No.1, 2003, pp.26–31.

[220] S.R.Sweetland, "Human Capital Theory: Foundations of a Field of Inquiry", *Review of Educational Research*, Vol. 66, No. 3, 1996, pp.341–359.

[221] T.Barnes, I.Pashby and A.Gibbons, "Effective University-Industry Interaction: A Multi-case Evaluation of Collaborative R&D Projects", *European Management Journal*, Vol.20, No.3, 2002, pp.272–285.

[222] T.Kirat and Y.Lung, "Innovation and Proximity Territories as Loci of Collective Learning Processes", *European Urban and Regional Studies*, Vol.6, No.1, 1999, pp.27–38.

[223] T.Thune, *Formation of Research Collaborations between Univer-*

sities and Firms, Dissertation, The Norwegian School of Management, 2006.

[224] T. Thune, "Proximity and Interactive Learning in University-Firm Relationships", *Industry and Higher Education*, Vol.23, No.1, 2009, pp.7-16.

[225] T. Thune, "Doctoral Students on the University-Industry Interface: A Review of the Literature", *Higher Education*, Vol.58, No.5, 2009, pp.637-651.

[226] T. Thune, "The Training of 'Triple Helix Workers'? Doctoral Students in University-Industry-Government Collaborations", *Minerva*, Vol.48, No.4, 2010, pp.463-483.

[227] T. Thune, "Success Factors in Higher Education-Industry Collaboration: A Case Study of Collaboration in the Engineering Field", *Tertiary Education and Management*, Vol.17, No.1, 2011, pp.31-50.

[228] T.M. Amabile, "The Social Psychology of Creativity: A Componential Conceptualization", *Journal of Personality and Social Psychology*, Vol.45, No.2, 1983, pp.357-376.

[229] T.M. Amabile, "A Model of Creativity and Innovation in Organizations", *Research in Organizational Behavior*, Vol.10, No.1, 1988, pp.123-167.

[230] T.M. Amabile, *Creativity in Context: Update to "the Social Psychology of Creativity"*, Boulder: Westview Press, 1996.

[231] T.R. Behrens and D.O. Gray, "Unintended Consequences of Cooperative Research: Impact of Industry Sponsorship on Climate for Academic Freedom and Other Graduate Student Outcome", *Research Policy*, Vol.30, No.2, 2001, pp.179-199.

[232] T. W. Schultz, "Investment in Human Capital", *The American Economic Review*, Vol.51, No.1, 1961, pp.1–17.

[233] V. Mangematin, "PhD Job Market: Professional Trajectories and Incentives during the PhD", *Research Policy*, Vol. 29, No. 6, 2000, pp.741–756.

[234] V. Mangematin and S. Robin, "The Two Faces of PhD Students: Management of Early Careers of French PhDs in Life Sciences", *Science and Public Policy*, Vol.30, No.6, 2003, pp.405–414.

[235] W. Tsai and S. Ghoshal, "Social Capital and Value Creation: The Role of Intrafirm Networks", *Academy of Management Journal*, Vol. 41, No.4, 1998, pp.464–476.

[236] W. S. Chow and L. S. Chan, "Social Network, Social Trust and Shared Goals in Organizational Knowledge Sharing", *Information & Management*, Vol.45, No.7, 2008, pp.458–465.

[237] Y. C. Kim and M. Rhee, "The Contingent Effect of Social Networks on Organizational Commitment: A Comparison of Instrumental and Expressive Ties in a Multinational High-Technology Company", *Sociological Perspectives*, Vol.53, No.4, 2010, pp.479–502.

附 录

被试基本信息统计表（N=176）

变量	类别	人数	变量	类别	人数
性别	男	115	本科就读院校类型	985高校	58
	女	57		211、非985高校	71
	缺失	4		非211高校	47
入学年份	2012年以前	14	博士论文选题来源	校方导师课题	69
	2012年	20		院所导师课题	67
	2013年	40		导师合作课题	18
	2014年	67		自拟选题	18
	2015年	35		缺失	4

(续表)

变量	类别	人数	变量	类别	人数
入学方式	本科直博	45	博士期间专业与之前专业	二级学科相同	87
	硕博连读	41		二级学科不同但一级学科相同	54
	普通招考	87		一级学科不同	27
	缺失	3		缺失	8
预期读博年限	3年	54	院所导师职称	副教授/副研究员/工程师	8
	4年	51		教授/研究员/高级工程师	133
	5年	61		杰青	5
	6年及以上	8		长江学者	8
	缺失	2		千人	3
是否开题	是	74		院士	2
	否	102		缺失	17

(续表)

变量	类别	人数	变量	类别	人数
从事研究主要地点	校方	71	校方导师职称	副教授及以下	9
	院所	73		教授	120
	双方	17		杰青	15
	缺失	15		长江学者	18
论文发表要求	有	129		千人	4
	无	44		院士	7
	缺失	3		缺失	3

后　记

　　时光荏苒，回首在京十一年的求学时光，心中充满了怀念、愉悦、幸福和感恩，衷心感谢我的老师、同学、朋友和家人，衷心感谢这段奋斗的岁月！

　　山高水长有时尽，唯我师恩日月长。感谢我的博士生导师马永红教授，跟随她学习的这段时光是我人生的宝贵财富。五年多来，她在学习和生活上给予了我无私的指导和帮助，她严谨的治学态度，勤于进取的科研精神以及和蔼可亲、平易近人的人格魅力，深刻地影响了我，她的谆谆教诲将激励我不断奋进、勇往直前。本书从选题、问卷施测、写作、修改一直到完成，与她辛勤的指导和中肯的建议密不可分，在此，谨向她表达我诚挚的感谢！

　　衷心感谢北京航空航天大学郑晓齐教授、雷庆教授多年的悉心指导和帮助。感谢清华大学王孙禺教授、北京理工大学王战军教授、教育部国家教育发展研究中心马陆亭教授、北京大学施晓光教授对本书提供的有益指导和修改建议。感谢北京工业大学李悦教授、肖念教授对本书写作、出版的大力支持。感谢德克萨斯大学奥斯汀分校塞缪尔·高斯林（Samuel Gosling）教授在我赴美访学期间给予的大力指导。感谢我的硕士导师吴建平教授一直以来对我的关心。感谢华北电力大学赵冬梅教授，重庆大学张云怀教授，北京大学研究生院贾爱英老师、何峰老师，北京林业大学研究生院王兰芝老师，大唐电信冯春兰女士，中国石油大学研究生院张永学老师，哈尔滨工业大学研究生院英爽老师，感谢你们在调研过程中给予的大力支持和宝贵建议。

　　人生乐在相知心，友谊历久一样浓。感谢赵敏师姐，感谢张志祥、赵秋迪、德吉夫等同级同学，感谢孙慧紫、赵新亮、郑浩等师弟师妹，感谢邵邦博士、程诚博士、杨拓博士、杨元博士等校友，感谢我的同门张江师兄、王悦师姐、景于师姐、潘才奎师兄、李水师兄、刘瑞萍师妹、张乐师妹、黄瑶师妹、于苗苗师妹、朱鹏宇师弟、孙维师妹、袁文婧师妹，感谢在京同乡邰金山先生、文耿先生，感谢你们对我一如既往的支持。

　　谨以本文献给我亲爱的家人。感谢外公给了我一生受用的教诲，感谢舅舅和舅妈多年来对我生活、学习和工作上的照顾、教导和鼓励，感谢爸爸、妈妈对我的疼爱和支持，感谢妹妹一直以来给我加油鼓劲，感谢我的妻子邹洋一直的陪伴和鼓励。你们是我的支柱，是我的骄傲，亦是我前进的动力。

　　雄关漫道真如铁，而今迈步从头越！本书的完成是一个新的起点，在未来的路上，我会更加努力。祝福自己，祝福所有关心我的人们。

图书在版编目(CIP)数据

科技人力资本视角下工程拔尖创新人才培养的实践与探索：基于教育部高校与工程院所联合培养博士生试点项目的实证研究 / 刘贤伟，马永红著. —北京：中央编译出版社，2017.10

ISBN 978-7-5117-3402-0

Ⅰ.①科… Ⅱ.①刘… ②马… Ⅲ.①高等学校-人才培养-研究-中国 Ⅳ.①G649.2

中国版本图书馆 CIP 数据核字(2017)第 230958 号

科技人力资本视角下工程拔尖创新人才培养的实践与探索：基于教育部高校与工程院所联合培养博士生试点项目的实证研究

出 版 人：	葛海彦
出版统筹：	贾宇琰
责任编辑：	盛菊艳
责任印制：	刘　慧
出版发行：	中央编译出版社
地　　址：	北京西城区车公庄大街乙 5 号鸿儒大厦 B 座（100044）
电　　话：	(010) 52612345（总编室）　　(010) 52612335（编辑室）
	(010) 52612316（发行部）　　(010) 52612346（馆配部）
传　　真：	(010) 66515838
经　　销：	全国新华书店
印　　刷：	北京印刷一厂
开　　本：	787 毫米×1092 毫米　1/16
字　　数：	200 千字
印　　张：	14.5
版　　次：	2017 年 10 月第 1 版
印　　次：	2017 年 10 月第 1 次印刷
定　　价：	50.00 元

网　　址：	www.cctphome.com　　邮　箱：cctp@cctphome.com
新浪微博：	@中央编译出版社　　微　信：中央编译出版社（ID：cctphome）
淘宝店铺：	中央编译出版社直销店（http://shop108367160.taobao.com）　(010)55626985

本社常年法律顾问：北京市吴栾赵阎律师事务所律师　闫军　梁勤
凡有印装质量问题，本社负责调换。电话：(010)55626985